# トランスジェンダーと職場環境ハンドブック

～誰もが働きやすい職場づくり～

東 優子
特定非営利活動法人
虹色ダイバーシティ
特定非営利活動法人
ReBit　著

日本能率協会マネジメントセンター

# ◆ はじめに ◆

　近年、トランスジェンダーをめぐる状況が大きく変化しています。2015年4月には、文部科学省が「性同一性障害に係る児童生徒に対するきめ細かな対応の実施等について」と題した通知を全国の教育委員会などに発令し、翌年には教職員向け冊子も刊行しています。これにより、全国各地で開催される教職員研修・講演会の数が急増しました。同通知および冊子では、制服・髪型（とくに戸籍上男子の長髪）・トイレ・更衣室・呼称の工夫などの対応事例も紹介されています。これらは、すでに全国の学校で実施されている「合理的配慮」(Reasonable Accommodation)です。それでは、職場ではどうでしょうか。

　私たちが暮らす社会は、かけがえのない個性や特性の豊かな存在で構成されています。育児や介護に限らず、さまざまな事情を抱えながら有償労働に従事している人がいます。グローバル化時代の経済成長には、そうした多様な人材（女性・障害者・外国人・高齢者・LGBTなど）を雇用促進していくことが企業戦略の重要課題であるとして、まずは欧米企業が取り組み始めたのが「ダイバーシティの推進」です。今日では、さらにこれを発展させて、「D&Iの推進」が重要なキーワードになっています。多様性を意味するダイバーシティ(Diversity)に、包摂を意味するインクルージョン(Inclusion)が追加されている点が重要です。

　実はこれは、率先して「多様な人材雇用」を推進してきた欧米企業の教訓に基づいています。従来のキープレイヤーにはなかった顔ぶれを採用したまではよかったが、組織内マジョリティの都合に合わせて構築されてきたシステム・構造や同僚の意識・態度がそのままでは、「マイノリティ」にとっては結局、働きづらい職場環境になってしま

います。能力を十分に発揮することができない中で、「やっぱりダメだな」といった評価・評判が生まれ、暗示的な排除の力学が働き始めます。「居づらい職場」からは多様で有能な人材が流出してしまいます。こうした経験から得られた重要な教訓は、個々人の異なる事情や文化・特性に合わせて、多様なワークスタイルなどを可能にし、管理職や同僚の意識を改革していくことを通じて「インクルーシヴな環境」を整えていくことだったのです。

インクルージョンというのは、もともと障害者福祉の分野でよく知られていた概念です。2016年に「障害者差別解消法」が施行されたことに伴い、国内でも「合理的配慮」(reasonable accommodation)という概念の周知が急がれています。ここでいう「配慮」というのは、「心づかい」といった気持ちの問題ではなく（他者への心配りも大事ですが）、「調整」という意味です。障害者が社会における様々な障壁（バリア）と相対することによって生じる問題に直面しているのと同じように、多様な個人が直面している問題や「生きづらさ」もまた、社会が生み出すものです。社会が変わることによってこうした問題を解消していくこと、それが「インクルージョンの推進」なのです。

そして日本国内においても、職場とLGBT、企業とLGBTをめぐる諸問題は、労使ともに向き合っていかなければならない課題として、近年その認知を広めつつあります。経済同友会が「ダイバーシティと働き方に関するアンケート調査結果」（2017年2月7日）を公表し、日本経済団体連合会が提言書「ダイバーシティ・インクルージョン社会の実現に向けて」（2017年5月16日）を発表するなど、立て続けにLGBTに関するレポートが出されたことは象徴的な出来事でした。また、日本労働組合総連合会も「LGBTに関する職場の意識調査」（2016年8月25日）を発表しています。LGBTの直面する社会的困難が広く共有される時代が訪れている、といえます。

## はじめに

　企業とLGBTに関する相談や質問のなかでもっとも多いのは、トランスジェンダーの従業員への対応に関する問い合わせです。多くの職場では対応経験がほとんどないため、人事担当者の方はもちろん、現場で直接接する上司や同僚の方々も、手さぐりで対応している様子が見てとれます。また、申し出をするトランスジェンダーの人々も、どこまで対応を求められるのか、誰にどう申し出ればよいのか、など、お困りであることも耳にします。

　こうしたなか企画されたのが、本書『トランスジェンダーと職場環境ハンドブック』です。性科学・ジェンダー研究に取り組みトランスジェンダーに関する著書・訳書も刊行してきた大阪府立大学教授の東優子、LGBTを含めた誰もが働きやすい職場環境づくりのための研修やコンサルティングを行う特定非営利活動法人虹色ダイバーシティと、就職活動の支援など若い世代の問題を中心に活動している特定非営利活動法人ReBitが、共同して執筆にあたっています。三者が共同することで、国内外の研究やアクティビズムに基づく知見や多くの企業事例、実際に働いているトランスジェンダーの人々の声を収録することができました。

　私たちは、職場の担当者の方々に、この機会を職場環境改善のチャンスとして捉え、前向きに対応していただきたい、と考えています。その企業にとって初めての申し出だとしても、従業員のなかで困っている人は、声をあげた方だけではないはずです。ぜひこの機会を、職場内における性別の取扱いを見直す機会にしていただければ、と思います。本書では、私たちが見聞きしてきたさまざまな対応事例を、具体的にご参照いただけるかたちで収録しています。ぜひ参考にしてください。

　また、トランスジェンダーの人々には、働きやすい職場環境をあきらめないでほしい、と私たちは願っています。職場には、従業員の働きやすい職場環境を整えていくことが、安全管理上の義務として求め

られています。そして、「多様性の尊重」は、「特別な権利」を認めることではなく、「基本的人権の保障」をめぐる問題です。困難のすべてを即座に解消することは難しいかもしれません。しかし、職場との話し合いにあたってのヒントは本書から得ることができます。

本書は、実用書としてぜひお手元においてください。LGBTであることで、あるいは何らかの少数派の属性を持っていることで、働くことをあきらめたりしなくてもよい社会をつくるために、活用されることを願っています。

なお本書制作においては、トランスジェンダーの従業員への対応に早くより取り組んでこられた野村證券株式会社の北村祐介さんに、企業アンケートに際して多大なご尽力を賜りました。アクセンチュア株式会社の東由紀さんには、本書プロジェクト立上げに際して、経験に基づくアドバイスを多数頂戴いたしました。さらに、多数の企業による取組み、本書制作にあたってのアンケートにご協力くださったトランスジェンダーの皆さまのご協力がなければ、本書は完成しませんでした。ここに厚く御礼を申しあげます。

2018年3月
　『トランスジェンダーと職場環境ハンドブック』
　　執筆チーム一同

# 目次

はじめに ・・・・・・・・・・・・・・・・・・・・・・・・・・・・・・・・・・・・・・・・・・・・・・・・・・ 3

## 第1章　LGBT・SOGIの基礎知識　　11

- 1・1　LGBT・SOGIとはなにか ・・・・・・・・・・・・・・・・・ 12
- 1・2　LGBTをめぐる国内の動向 ・・・・・・・・・・・・・・・ 17
- 1・3　「トランスジェンダー」をめぐる日本と国際社会の違い ・・・・・・・・・・・・・・・・・・・・・・・・・・・・ 21

## 第2章　トランスジェンダー・性同一性障害とはなにか　25

- 2・1　「性同一性障害」とはなにか ・・・・・・・・・・・・・・ 26
- 2・2　GID（性同一性障害）医療 ・・・・・・・・・・・・・・・ 29
- 2・3　トランスジェンダーの多様性 ・・・・・・・・・・・・・ 33
- 2・4　戸籍の性別変更 ・・・・・・・・・・・・・・・・・・・・・・・・ 36

## 第3章　多様なトランスジェンダーの声　　39

- Case 1 ・・・・・・・・・・・・・・・・・・・・・・・・・・・・・・・・・・・・ 40
- Case 2 ・・・・・・・・・・・・・・・・・・・・・・・・・・・・・・・・・・・・ 45
- Case 3 ・・・・・・・・・・・・・・・・・・・・・・・・・・・・・・・・・・・・ 48

## 第4章　職場のLGBT対応　　51

- 4・1　規定や行動指針への明記、支援宣言 ・・・・・・・・ 53

| | | |
|---|---|---|
| 4・2 | 個人情報保護 | 57 |
| 4・3 | 相談窓口 | 58 |
| 4・4 | ハラスメント対応 | 62 |
| 4・5 | 福利厚生 | 63 |
| 4・6 | 教育・啓発 | 68 |
| 4・7 | 職場内ネットワーク | 70 |

## 第5章　職場での性別移行支援　75

| | | |
|---|---|---|
| 5・1 | カミングアウトの受け止め方 | 77 |
| 5・2 | ニーズのヒアリング | 78 |
| 5・3 | 支援チームとスケジュールの策定 | 78 |
| 5・4 | 希望する名前と性別の取扱い | 80 |
| 5・5 | 戸籍の性別変更 | 82 |
| 5・6 | 通院・入院への配慮 | 83 |
| 5・7 | 名刺・IDカード | 85 |
| 5・8 | 人事管理システム | 85 |
| 5・9 | 制服など服装の規定 | 86 |
| 5・10 | トイレ | 89 |
| 5・11 | 更衣室・浴室・シャワールーム | 93 |
| 5・12 | 寮・社宅、仮眠室、宿泊行事 | 95 |
| 5・13 | 健康診断・ストレスチェック | 97 |
| 5・14 | 人事異動 | 99 |
| 5・15 | 資格の取扱い | 101 |
| 5・16 | 社内の啓発 | 101 |
| 5・17 | お客さま対応 | 102 |
| 5・18 | 対外的な理解促進 | 103 |

## 第6章　LGBTにも公正な採用　105

- 6・1　求職時のカミングアウト ･･････････････････ 107
- 6・2　トランスジェンダーの求職者が
　　　 困りやすいこと ･･････････････････････････ 108
- 6・3　人事担当者・面接担当者向けチェックリスト･･ 112

## 第7章　企業の取組み　115

- 7・1　日本航空株式会社（JAL）････････････････ 116
- 7・2　日本電信電話株式会社（NTT）･･････････････ 122
- 7・3　野村ホールディングス株式会社 ･･････････････ 127
- 7・4　キリンホールディングス株式会社 ･･････････ 132
- 7・5　中外製薬株式会社 ･･････････････････････････ 139
- 7・6　株式会社ラッシュジャパン ･･････････････････ 145
- 7・7　A　社 ････････････････････････････････････ 150
- 7・8　株式会社LIXIL ････････････････････････････ 155
- 7・9　TOTO株式会社 ････････････････････････････ 163
- 7・10　オムロン株式会社 ･････････････････････････ 169
- 7・11　世田谷区役所 ･･････････････････････････････ 174

## 第8章　座談会　トランスジェンダーも働きやすい職場って、どんな職場？　179

- ●就職活動・転職活動･･････････････････････････ 180
- ●職場環境、カミングアウト････････････････････ 182
- ●職場での困りごと････････････････････････････ 184
- ●職場で嬉しかったこと････････････････････････ 187

- ●トランスジェンダーにとっても
  働きやすい職場とは･････････････････････ 189

## 巻末資料

1 アンケート調査結果 ･･････････････････ 194
2 参考文献・おすすめの書籍リスト ･･･････ 211
3 ミニ用語集 ･････････････････････････ 218
4 ヒアリングシート ････････････････････ 220

## Column

LGBTの人口割合 ･･････････････････････････････ 13
アライになろう！ ･････････････････････････････ 14
性的指向をめぐる世界の法制度 ･････････････････ 23
CEIとPRIDE指標 ･････････････････････････････ 24
国際的診断基準から「性同一性障害」が消える？ ････ 29
性別変更に係る「手術要件」をめぐる国際的動向 ･･･ 37
オリンピック憲章とLGBTに関する法律 ･････････ 55
持続可能性とSOGI ･･･････････････････････････ 56
「家族がLGBT当事者です」という相談について ････ 60
国や自治体によるLGBT相談窓口 ･･････････････ 61
制度の利用者が少ないとき ････････････････････ 65
「制度の不正利用」への不安 ････････････････････ 65
トイレのマークについて ･･････････････････････ 66
身近な問題と実感してもらうために ････････････ 69
RAINBOW CROSSING TOKYOの取組み ･･････ 73
ヒアリングと性同一性障害の診断書 ････････････ 79
性別移行は人生全体に関わるもの ･･････････････ 82
「トイレ問題」に揺れる社会 ････････････････････ 92
同性パートナーのさまざまなかたち ････････････ 94
医療を受診することのハードル ････････････････ 97
女性の就業が制限される業務 ･･････････････････ 100
履歴書における性別欄の「必要性」･･････････････ 109
「就職活動までに性別を変えたい」という声 ･･････ 111

## 第1章

# LGBT・SOGIの基礎知識

# 第1章 LGBT・SOGIの基礎知識

　本章では、「職場とトランスジェンダー」に関する基礎知識として、トランスジェンダーの定義、LGBTやSOGI（ソジ）といった関連用語に加え、これらをめぐる国内の動向をお伝えします。

## 1・1　LGBT・SOGIとはなにか

### ◎LGBTとはなにか

　近年、従来の「性的マイノリティ（セクシュアル・マイノリティ、性的少数者）」にかえて、LGBTという用語がよく使われるようになってきました。マスコミに登場するようになったのが2010年前後のことで、その5年後には「流行語大賞」に選ばれるのではという記事がスポーツ紙に掲載されるまでになりましたが、国連など国際会議ではもっと早くから使用されてきました。

　性的マイノリティという用語に問題がある、というわけではありません。この用語自体がそもそも、「性的倒錯者」「性的異常者」といった侮蔑的な表現しかなかった1960年代に、スウェーデンの精神科医が「エスニック（民族的）マイノリティ」をヒントに造語したものだと言われています。

　LGBTとは、レズビアン（Lesbian）、ゲイ（Gay）、バイセクシュアル（Bisexual）、トランスジェンダー（Transgender）の頭文字をとってできた言葉です。当事者運動から生まれ、現在では、臨床家や研究者など専門家も使用しています。

　L、G、B、Tそれぞれの言葉を簡単に説明すると、**図表1・1**のようになります。また、異性を好きになる人のことをHeterosexual（ヘテロセクシュアル、異性愛者）、性自認が出生時に割り当てられた性別と同じである人のことをCisgender（シスジェンダー）といいます。LGBTに関する話題のなかで出てくることもある言葉ですので、あわせて覚えておくとよいでしょう。

図表1・1　LGBTとは

| | |
|---|---|
| Lesbian<br>（レズビアン）<br>女性同性愛者 | 女性として女性が好きになる人 |
| Gay<br>（ゲイ）<br>男性同性愛者 | 男性として男性が好きになる人 |
| Bisexual<br>（バイセクシュアル）<br>両性愛者 | 好きになる対象が女性・男性の両性である人 |
| Transgender<br>（トランスジェンダー） | 性自認が出生時に割り当てられた性別とは異なる人。性（ジェンダー）表現や性役割行動について、出生時に割り当てられた性別に期待されるものとは異なることがある |

## LGBTの人口割合

「LGBTは、どれくらいの割合で存在しているの？」というのは、実はお答えするのが難しい質問の1つです。根拠とされる調査研究はさまざまにありますが、調査方法によって異なる結果（数値）がみられます。「もっとも科学的に実施された」という量的調査でさえ、サンプル（調査対象者）の偏りや、設問に使用された文言（聞き方）によっても回答は変わってしまうなど、「課題」はつきものなのです。

たとえば、「あなたの性的指向は次のうちどれですか？」と選択肢を示されても、「そんなことは考えたこともない」という人は多いものです。また、回答者のアイデンティティと実際の経験や行動が異なる、ということがあります。性自認が女性で、女性に恋した経験があっても、自身のアイデンティティが「レズビアン」や「バイセクシュアル」ではない、という人はそうとは回答しないものです。同性との性経験があっても、あくまでも「自分はフツウ」というアイデンティティの人もいるでしょう。

それでも、国内外の先行研究から総合的に判断すれば、「およそ3～10%の範囲」とするのが妥当だと言えます。虹色ダイバーシティの講演では、「堅く見積もって5%とすると、20人に1人」という表現をよくとっています。

第1章 LGBT・SOGIの基礎知識

### 図表1・2　LGBTの人口割合

| 調査の主体 | 調査対象 | 結果 |
|---|---|---|
| The William Institute（2011年）*1 | アメリカを中心とした先行研究に基づく推計 | LGB：米の成人の約3.5%<br>T：米の成人の約0.3% |
| 電通ダイバーシティ・ラボ（2015年）*2 | 日本国内7万人（モニター調査） | 性的マイノリティ：7.6%うち、トランスジェンダー：0.7% |
| LGBT総合研究所（博報堂DYグループ）（2016年）*3 | 日本国内約8万人（モニター調査） | 性的マイノリティ：8%うち、トランスジェンダー：0.47% |
| 労働組合総連合会（2016年）*4 | 全国の20〜59歳の民間企業などの職場で働く1,000人 | 性的マイノリティ：8%うち、トランスジェンダー：1.8% |

*1　Gary J. Gates, Williams Distinguished Scholar「How many people are lesbian, gay, bisexual, and transgender?」the William INSTITUTE、2011年4月
*2　「電通LGBT調査2015」
　　http://www.dentsu.co.jp/news/release/2015/0423-004032.html
*3　「博報堂DYグループの株式会社LGBT総合研究所、6月1日からのサービス開始にあたりLGBTをはじめとするセクシャルマイノリティの意識調査を実施」
　　http://www.hakuhodo.co.jp/archives/newsrelease/27983
*4　「LGBTに関する職場の意識調査」
　　https://www.jtuc-rengo.or.jp/info/chousa/data/20160825.pdf

## アライになろう！

　アライ（ally）は、同盟・提携を意味するallianceを語源とする言葉で、「同盟国」や「連合国」、「提携企業」といった意味で使用されています。LGBTに関する文脈においては、当事者が抱える社会的困難や課題に対して、ともに解決していくことをめざす人々のことを指します。「支援者」（サポーター）との違いは、自身がLGBTでなくとも「他人事は自分事」というスタンスで問題解決に向けた取組みをする「主体」であることが強調される点にあります。LGBTではないアライのことを、英語ではStraight Allyと言うこともあります。

　LGBTの直面する課題は、LGBTだけの問題ではありません。企業全体の、また社会全体の問題として、誰にとっても働きやすい職場環境、誰にとっても生きやすい社会をつくっていきたいものです。

## ◎ SOGIとはなにか

近年の国際社会では、LGBTの人権について議論する際に、SOGIという用語も使用されるようになっています。SOGIとは、性的指向（Sexual Orientation）と性自認（Gender Identity）を組み合わせたもので、これにジェンダー表現（Gender Expression）を加えたSOGIE（ソジー）や、さらに性的特徴（Sexual Characteristics）を加えたSOGIESC（ソジエスク）といった用語が使用されることもあります（図表1・3）。

図表1・3　SOGI／SOGIE／SOGIESCの構成要素

| | |
|---|---|
| Sexual Orientation 性的指向 | 好きになる相手、性的対象が誰（同性・異性・両性）であるか |
| Gender Identity 性自認 | 「私は女（男）である」「私は○○である」といったジェンダーに係る自己の感覚・認識（ジェンダー・アイデンティティ） |
| Gender Expression ジェンダー表現 | 言葉遣いや服装、行動様式などに表現される「らしさ」のこと 社会・文化的に期待されるものと一致しないこともある |
| Sexual Characteristics 性的特徴 | 出生時の外性器の形態など、生物学的・解剖学的特徴のこと |

LGBTが「人」に注目した用語であるのに対して、SOGIは「議論の主題が何であるか」を明らかにした用語です。L、G、B、Tといった「見える化」した特定のマイノリティではなく、「性的指向や性自認を理由とした差別・偏見」を問題として、その解決に向けた取組みの推進を議論する国際会議で使用されるようになりました。

「性的指向が同性に向いているのがレズビアン・ゲイ、性的指向が両性に向いているのがバイセクシュアル、性自認が出生時に割り当てられた性別とは異なるのがトランスジェンダー」という以上に、個々人の性のありようはもっと多様です。上記の「性的指向」「性自認」「ジェンダー表現」「性的特徴」それぞれの次元がグラデーションであり、ひとりとして同じ「同性愛者」や「トランスジェンダー」は存在

## 図表1・4　性はグラデーション：「十人十色」の多様な性のありよう

（からだは男として生まれてきたけど、自分のことは女性として扱ってほしいな）
- からだの性：女／男■
- 性自認・こころの性：女■／男○

（自分の性別はよくわからないんだ）
- 性自認・こころの性：女？／男？

（男の人を好きになることもあるし、女の人も好きになることもあるよ）
- 性的指向：女●／男●

（自分のことは女だと思うけど、スカートは履きたくないんだ）
- 性自認：女■／男
- 性表現：女／男■

（同姓しか好きになったことないな）
- 性自認：女■／男
- 性的指向：女■／男

（誰かを恋愛として好きになる気持ちは薄いんだ）
- 性的指向：女○／男○

出典：『「性はグラデーション」大阪市淀川区・阿倍野区・都島区3区合同ハンドブック』

しないのです。それは、ひとりとして同じ「異性愛者」が存在しないのと同じことです。人間の性（セクシュアリティ）は実に多様なものなのです（図表1・4）。

「性の多様性」は、L、G、B、Tに限った話でもありません。A（Asexual：誰に対しても恋愛感情や性的欲望を抱かない人）やP（Pansexual：特定の性的指向や性自認に関係なく、幅広い対象に恋愛感情や性的欲望を抱く人）など、さまざまなアイデンティティがあります。さらに、こうした集団としての「名づけ」や「分類」では捉えきれない、実に多様な人々が存在しています。重要なのは「どういう種類の集団がいるのか」を理解することではなく、SOGI／SOGIE／SOGIESCつまり「性的指向」や「性自認」「ジェンダー表現」や「性的特徴」が人それぞれに多様であるということを理解することなのです。

SOGIやSOGIE、SOGIESCは、LGBTなどの「性的マイノリティ」を説明するために存在する用語ではありません。誰もがその「主体」であり、誰にとっても大事な話であるはずです。そして誰も、これらを理由とする差別・偏見にさらされてはならないのです。

## 【よくある誤解】

- 「レズビアンってことは、女の人が好きなんだよね？　じゃあ男の人になりたいんだ？」
  → レズビアンの場合、「性自認は女性」なので、自分のことを男性と考えていたり、男性になりたい、と考えているわけではありません。
- 「ゲイってことは、女装するんでしょ？」
  → 性的指向とジェンダー表現は異なります。女装をするゲイの方もいますが、女装をしない方もいます。また、女性のかっこうをするからといって、性自認が女性であるとは限りません（パフォーマンスとして行う、趣味として行うなど、女性のかっこうをするにもさまざまな理由があります）。
- 「バイセクシュアルってことは、誰でも恋愛対象になるんでしょ？」
  → 性的指向が同性にも異性にも向くだけであって、すべての人が恋愛対象になるわけでは必ずしもありません。
- 「バイセクシュアルってことは、彼氏も彼女も両方いるんだ？」
  → 複数の人と同時につき合いたいと思うかどうかは、性的指向とは異なる軸で考えることです。

## 1・2　LGBTをめぐる国内の動向

　LGBTのおかれている現状は、国や地域によって大きく異なります。日本では同性愛者を逮捕するような差別的な法律はありませんが、差別を禁止する法律法や、LGBTの平等・公平性を担保するような法律もありません。国連人権理事会は2008年、SOGIに基づく差別を撤廃するための措置を講じることを求める勧告を出し、日本政府もそれを受け入れています。しかし2017年現在、その勧告に準じた措置は取られていないのが現状です。同性間での婚姻やパートナーシップに関する法律がない国は、G7（先進7ヵ国：アメリカ・イギリス・ドイツ・フランス・日本・カナダ・イタリア）の中では日本だけとなっ

ています。

法制度の整備はできていない状況にある日本ですが、法務省の「主な人権課題」に「性的指向」「性自認」が明示されていることからもわかるように、LGBTやSOGIに関する問題は、国内の人権課題のひとつとして認識されています（法務省人権擁護局「平成29年度版 人権の擁護」を参照のこと）。そしてまた、省庁や自治体レベルでのトップダウン的な取組み、またNPOや経済団体によるボトムアップ的な取組みは、少しずつ、しかし力強く進められてきています。企業においてはコンプライアンスの問題としても、LGBTやSOGIに関する取組みを進めていく必要が増しているといえます。

以下の年表では、2010年以降のものを中心に、日本国内のLGBTに関する動向をとりまとめました。とくに企業や職場に関わりの強いものには、★マークをつけています。

**図表1・5　日本のLGBTに関する動向**

| | | |
|---|---|---|
| 1997年 | 裁判 | ★　東京都府中青年の家事件 高裁判決<br>　同性愛に関して、「無関心であったり知識がないということは公権力の行使に当たるものとして許されない」とする判決 |
| 1997年 | 医療 | 日本精神神経学会「性同一性障害の診断と治療のガイドライン」を策定 |
| 2001年 | メディア | テレビドラマ「3年B組金八先生」第6シリーズ放映<br>　武田鉄矢主演ドラマで、性同一性障害をもつ生徒を上戸彩が演じる。この放映をきっかけに「性同一性障害」という言葉を知った当事者も多い |
| 2003年 | 国会 | ★「性同一性障害者の性別の取扱いの特例に関する法律」成立<br>（2004年施行、2011年改正）<br>　この法律により、一定の要件を満たすことで、戸籍上の性別変更が可能となった（第2章参照） |
| 2012年 | 国・省庁 | ★　厚生労働省「自殺総合対策大綱」<br>　性的マイノリティが自死におけるハイリスク層であることを明記。LGBTに対する無理解や偏見などがその背景にある社会的要因の1つであり、理解促進が必要であるという見解を示す |

| 2012年 | NPO | ★ 「work with Pride」発足、セミナー初開催<br>企業におけるダイバーシティ・マネジメントの促進と定着を支援する任意団体として、企業とNPOの共同で発足 |
|---|---|---|
| 2013年 | 自治体 | 東京都文京区「男女平等参画推進条例」・多摩市「女と男の平等参画を推進する条例」改定<br>前者では「性別に起因する差別的な取扱い（性的指向又は性的自認に起因する差別的な取扱いを含む。）」の禁止が、後者では「性別による差別的取扱い並びに性的指向及び性自認による差別」の禁止が明文化されている |
| 2013年 | 自治体 | 大阪市淀川区「LGBT支援宣言」<br>「LGBTに関する正しい知識と理解を深め、少数者の人権を尊重したまちづくりを推進する」と明記。2014年から「LGBT支援事業」によるコミュニティづくりの支援、電話相談事業が始まる |
| 2013年 | 経済 | ★ 「東洋経済CSR調査」にLGBT施策に関する項目が追加される<br>LGBT施策に取り組む企業の一覧が掲載される。2017年版では207社が掲載されている |
| 2014年 | 国・省庁 | ★ 厚生労働省「男女雇用機会均等法」改定<br>「事業主が職場における性的言動に起因する問題に関して雇用管理上講ずべき措置についての指針（セクハラ指針）」が改定され、同性間でのセクシュアルハラスメントに関する注意喚起が明記された |
| 2014年 | 国際社会 | ★ オリンピック憲章改正<br>性的指向による差別禁止が明記される |
| 2015年 | 国・省庁 | 文部科学省通知「性同一性障害に係る児童生徒に対するきめ細やかな対応の実施等について」<br>性的マイノリティの子どもへの対応を全国小中高へ求めた |
| 2015年 | 自治体 | ★ 東京都渋谷区「渋谷区パートナーシップ証明書」、世田谷区「パートナーシップ宣誓書」の開始<br>兵庫県宝塚市、三重県伊賀市、沖縄県那覇市、北海道札幌市、福岡県福岡市でも同様の取組みがのちに始まる。企業にとっても、従業員の福利厚生などを見直す大きなきっかけとなった |
| 2016年 | 国会 | 「LGBTに関する課題を考える議員連盟」発足<br>超党派の国会議員による連盟。国内におけるLGBTに関する差別を解消するための法律の制定に向けての取組みが始まった |
| 2016年 | 国・省庁 | ★ 人事院「人事院規則10-10」改正<br>「国家公務員における性的指向若しくは性自認に関する偏見に基づく言動」がセクシュアルハラスメントにあたると規定された |

| 2017年 | 国・省庁 | ★ 厚生労働省「男女雇用機会均等法」改定<br>セクハラ指針を改定し、性的指向若しくは性自認によらず性的言動はセクハラだと明記した |
|---|---|---|
| 2017年 | 国・省庁 | ★ 厚生労働省「公正な採用選考の基本」<br>「労働分野における主な人権問題」として、「性的指向・性自認（LGBT等の性的マイノリティ）などによる差別的扱い」を明記 |
| 2017年 | 経済 | ★ 公益社団法人経済同友会「ダイバーシティと働き方に関するアンケート調査結果」<br>「LGBTに対応する施策を実施している企業は39.7％」とする結果を公表（依頼数903社、有効回答数131社）。従業員5,000人以上の大企業のうち75％（33社）が施策を実施している |
| 2017年 | 経済 | ★ 一般社団法人日本経済団体連合会（経団連）提言書「ダイバーシティ・インクルージョン社会の実現に向けて」<br>経団連が独自に実施した「LGBTへの企業の取り組みに関するアンケート」の調査結果を踏まえ、各企業の取組みに関して具体的な提言を発表 |
| 2017年 | 国際社会 | ★ 「東京オリンピック・パラリンピック2020持続可能性に配慮した調達コード」の発表<br>SDGs（持続可能な開発目標）が掲げる社会の実現も視野に入れた大会準備・運営段階の調達プロセスにおいて配慮すべき事項として、性的指向・性自認の平等に関する記述が複数個所に明記される |
| 2017年 | 自治体 | 「性的指向と性自認に関する施策を推進するための地方自治体議員連盟（通称：LGBT自治体議員連盟）」発足<br>地方自治体の議員による連盟が立ち上がる。発足の記者会見では、LGBT当事者であることをカミングアウトした自治体議員5人が登壇した |
| 2017年 | 自治体 | ★ 東京都文京区が区発注工事などで事業者と交わす契約書類を改正<br>契約書に添える仕様書において、事業者が契約履行にあたり遵守・注意すべき事項に「性別（性自認及び性的指向を含む）に起因する差別的な取扱いを行わないこと」を明記 |
| 2017年 | 経済 | ★ 日本労働組合総連合会（連合）「性的指向及び性自認（SOGI）に関する差別禁止に向けた取り組みガイドライン～すべての人の対等・平等、人権の尊重のために～」<br>2016年に実施された「LGBTに関する職場の意識調査」を踏まえたガイドラインを発表 |

## 1・3 「トランスジェンダー」をめぐる日本と国際社会の違い

　日本のLGBTに関する動向（図表1・5）にもあるように、日本国内のトランスジェンダーをめぐる対応や取組みは「性同一性障害」の概念に基づいて展開されてきました。「性同一性障害」というのは、精神医学における診断名です（詳細は第2章参照）。

　日本ではトランスジェンダーという用語が「LGBT」という用語とセットで知られるようになって間もないので、「Tはトランスジェンダー（性同一性障害者を含む）」と紹介されることも多いのですが、これは日本だけで有効な説明だといえます。もともと「病理化」されることに抗議してきた当事者運動が使うトランスジェンダーという自称を精神医学用語と合体させるのは、日本ぐらいのものです。国際的な議論では「非常識」とさえ言われかねないことなので、ここで少し解説しておきます。

　LGBTに限らず、「性的マイノリティ」の歴史は、スティグマ・差別・偏見との闘いの歴史です。近代精神医学によって「性的倒錯」とみなされ、時代や国によってはこれを犯罪化してきました。またそうでない国においても、ヘイト・スピーチや憎悪犯罪があとを絶ちません。西洋由来のLGBTのT（トランスジェンダー）という自称には、そうした歴史を生き抜いてきた当事者のプライドと尊厳が込められています。また、性自認（ジェンダー・アイデンティティ）やジェンダー表現のありようが社会的マジョリティと異なることで、「性転換症」や「性同一性障害」といった疾患概念で捉えられ続けることへの異議申し立ての意志や意図が、強く明確に込められています。つまり、当事者運動の歴史への敬意を踏まえた国際社会の常識から言えば、「性同一性障害」と「トランスジェンダー」は、いわば水と油の関係にあるのです。

　国際社会は、トランスジェンダーの「非（精神）病理化」に向かっています。診断書がなくても、必要な医療サービスが受けられ、法的

な性別変更ができる国もあります。2018年には、国際的診断基準であるWHO「国際疾病分類」から「性同一性障害」が消える（少なくとも名称変更される）ことが決定しています。

　しかし日本国内の動向は、これとはかなり異なります。当事者が「性同一性障害者」を自称してカミングアウトすることは珍しくありませんし、そこにはやはり自分が「そうである」ことへのプライドと尊厳が込められています。こうした特異な事情を理解するためには、1990年代半ばに「性同一性障害」という概念が輸入される以前の日本で、当事者がどういう立場に置かれてきたかを想像する必要があります。現在でも、「性同一性障害」の診断書がなければ「合理的配慮」の対象にならないという学校や職場は多いのではないでしょうか。家族や友人・同僚など、周囲の理解はどうなるでしょうか。第2章では、日本の現状と課題について詳しく解説します。

## Column

### 性的指向をめぐる世界の法制度

　虹色ダイバーシティでは、株式会社プラップジャパンと共同のもと、ILGA（International Lesbian and Gay Association）の制作した「性的指向に関連する世界の法律」（2016年版）を参考に、世界の国や地域における性的指向に関連する法律をまとめた日本語表記の世界地図「性的指向に関する世界地図」を作成しました。2016年8月の段階でも、同性カップルも婚姻できる法律や代替となるようなパートナーシップ登録制度は、47ヵ国と65地域で設けられています。2017年にはドイツでは連邦議会で同性結婚の合法化が可決され、台湾がアジア初の同性婚合法化に向けて動き始めるなど、さらに多くの国や地域で、婚姻の平等が進められつつあります。グローバル事業を展開する企業の場合、同性間のパートナーシップについても、現地の法制度に合わせた福利厚生の整備などが求められる状況になっています。

　一方で、同性愛者であることが罪とされている国や地域も確認されています。73ヵ国と5地域で禁固刑が定められており、13ヵ国では死刑が執行されています。諸外国への出張や異動に際し、SOGIにまつわるリスクが生じうることをおく必要があると言えるでしょう。異動に関しては、本書第5章5・14（P.99）もご参照ください。

## CEIとPRIDE指標

　アメリカのLGBTの権利獲得に取り組む非営利の市民団体「Human Rights Campaign」は、2002年より、企業のLGBTに関する取組みを評価する指標として、「Corporate Equality Index（CEI）」の展開を始めました。とくに重要視されているのは、LGBTの従業員を公平・公正に扱うことで、100点満点を取った企業は「Best Place to Work」マークを取得することができます。2002年当初は13社しかありませんでしたが、2017年には517社が「Best place to Work」に選出されています。また、この結果に基づいた消費者向けガイド「Buyers Guide」がPDFやスマートフォンアプリケーションで公開されており、消費者の購買行動や株式市場の動向にも影響が及ぶ指標として、認知を広めつつあります。

　日本ではこれに類似する取組みとして、任意団体work with Prideが2016年度より「PRIDE指標」を策定しています。「Policy：行動宣言」「Representation：当事者コミュニティ」「Inspiration：啓発活動」「Development：人事制度、プログラム」「Engagement/Empowerment：社会貢献・渉外活動」の5つの評価軸をもとに、すべての評価指標を満たした企業にはゴールド認定が贈られる仕組みです。自社での取組みを考える際にはぜひご参照ください。

● Human Rights Campaign（英文）
https://www.hrc.org

● Human Rights Campaign: Corporate Equality Index（英文）
https://www.hrc.org/campaigns/corporate-equality-index

● PRIDE指標
http://www.workwithpride.jp/pride.html

# 第2章
# トランスジェンダー・性同一性障害とはなにか

性同一性障害（Gender Identity Disorder：GID）は、国際的な診断基準に記載された診断名です。第1章で紹介したように、LGBTのT（トランスジェンダー）という「自称」が欧米の当事者運動から生まれた背景と歴史からみれば、この2つは「水と油」の関係にあると言えます。しかし、日本国内の専門医療は日本精神神経学会が策定する「性同一性障害に関する診断と治療のガイドライン」に基づいて行われており、「性同一性障害者の性別の取扱いの特例に関する法律」の存在もあることから、性同一性障害に関する理解が必要となっています。

本章では、性同一性障害の定義やその治療に関する概略を紹介するとともに、トランスジェンダーが働きやすい職場環境を考える上で重要な「多様性」について解説します。

## 2・1 「性同一性障害」とはなにか

### ◎国内動向の経緯

日本国内で性同一性障害という医学概念が知られるようになったのは、1990年代半ばのことです。きっかけは、性別適合手術を望む男性（戸籍上は「女性」）が埼玉医科大学医療センターを受診したことでした。当時はこうした手術が優生保護法（現・母体保護法）違反にあたると認識されていましたが、「性同一性障害とよばれる疾患が存在し、性別違和に悩む人がいる限り、その悩みを軽減するために医学が手助けをすることは正当なことである」と同大学倫理委員会が答申したことで、事態は大きく動き始めました。1997年には日本精神神経学会が「性同一性障害に関する診断と治療のガイドライン」を策定して以降、専門外来を開設する医療機関は全国に広がり、その受診者数は、2015年末までに22,000人を超えています。

さらに2003年、「その治療の効果を高め、社会的に不利益を解消する」ことを目的とした「性同一性障害者の性別の取扱いの特例に関する法律」が国会で成立し、翌年施行されました（P.18参照）。

## ◎国内における「性同一性障害（者）」の定義と診断基準

「性同一性障害者の性別の取扱いの特例に関する法律」では、「性同一性障害者」を以下のように定義しています。

「生物学的には性別が明らかであるにもかかわらず、心理的にはそれとは別の性別（以下「他の性別」という）であるとの持続的な確信を持ち、かつ、自己を身体的及び社会的に他の性別に適合させようとする意思を有する者であって、そのことについてその診断を的確に行うために必要な知識及び経験を有する二人以上の医師の一般に認められている医学的知見に基づき行う診断が一致しているものをいう」

これは、「性同一性障害」の診断基準を下敷きにしたものですが、同法が適用される対象を明確にすることを目的としているため、非常に限定的な定義になっています。また、法律の名称には「障害者」とありますが、性同一性障害と診断されたからといって「障害者手帳」が交付されることはありません。

「診断を的確に行うために必要な知識及び経験を有する二人以上の医師の一般に認められている医学的知見に基づき行う診断」については、「性同一性障害に関する診断と治療のガイドライン 第4版」で以下の手順が示されています。

---

1. ジェンダー・アイデンティティの判定
   (1) 詳細な養育歴・生活史・性行動歴について聴取する
   (2) （DSM-IV-TRやICD-10を参考に）性別違和の実態を明らかにする
2. 身体的性別の判定
3. 除外診断（精神障害による影響などを確認する）
4. 診断の確定
   「以上の点を総合して、身体的性別とジェンダー・アイデンティティが一致しないことが明らかであれば、これを性同一性障害と診断する」

---

ここに登場する「DSM-IV-TRやICD-10」というのは、国際的な診断基準として知られる2つのマニュアルのことで、米国精神医学会の

「精神障害の診断と統計マニュアル第4版修正版」(DSM-IV-TR) と WHOの「国際疾病分類 第10版」(ICD-10) を指しています。これらの診断基準を参考に、同ガイドラインが「性別違和の実態」を明らかにするポイントとして挙げているのが、以下の項目になります。

> ① 自らの性別に対する不快感・嫌悪感
>   ・自分の一次ならびに二次性徴から解放されたいと考える
>   ・自分が間違った性別に生まれたと確信している
>   ・乳房やペニス・精巣などを傷つけたりする
>   ・FtM (P.34) では声をつぶそうと声帯を傷つけたりする
> ② 反対の性別に対する強く持続的な同一感
>   ・反対の性別になりたいと強く望み、反対の性別として通用する服装や言動をする
>   ・ホルモン療法や手術療法によって、でき得る限り反対の性別の身体的特徴を得たいとの願望を持っている
> ③ 反対の性役割を求める
>   ・日常生活のなかでも反対の性別として行動する、あるいは行動しようとする
>   ・しぐさや身のこなし・言葉づかいなどにも反対の性役割を望み、反映させる

同ガイドラインは、1997年の初版から改訂を重ねて、現在は2011年に発表された第4版（2017年に一部改訂）が最新版ですが、今後も細心の臨床知見に基づいて、さらに加筆修正されていくことになります。診断の重要な参考基準となった国際的なマニュアルは、DSMは2013年にDSM-5へとすでに改訂されており、ICDも2018年には大幅な改訂作業を終えたICD-11が発表されることになっています。その両方において「性同一性障害」は名称変更され、診断基準も変更されていますので、日本の診断と治療に関するガイドラインも、今後大きく変わっていくことになるかもしれません。

> **Column**
>
> ### 国際的診断基準から「性同一性障害」が消える？
>
> 「性同一性障害」という名前からもわかるとおり、性別に違和感を持つ状態は、疾病の一種であるという理解がされてきました。しかし現在、国際的には「非病理化」の流れが加速しています。非典型的な性のありようを病理化する「性的倒錯」概念を唱えたのは、近代精神医学でした。LGBTの性的指向や性自認のありようも例外ではありません。しかし同性愛については、1970年代に「非病理化」され、国際的な診断基準から削除されました。LGBTのTのみが、現在でも精神疾患に位置づけられ続けており、これへの批判が高まっています。
>
> 米国精神医学会のDSM-5（2013）改訂作業でも、「性同一性障害」の削除が検討されましたが、最終的には「性別違和（Gender Dysphoria）」への名称変更に留まりました。その背景には、治療や保険適用には診断概念が必要だという、政治的な事情が絡んでいます。
>
> 2018年にはWHOのICD-11が発表されます。改訂内容を検討する作業班は、次の内容を答申しています：①「性同一性障害」を削除し、②「性別不和（Gender Incongruence）」に名称変更すること、③現在の精神疾患の位置づけ（章）から、新たに「性の健康に関連する状態」に関する章を設け、そこに移動させること。章の新設という案は、医療へのアクセスを阻害しないようにするためです。
>
> 新章に移動というのは画期的な提案ですが、実現は難しいかもしれません。しかし少なくとも、「性同一性障害」という診断名が消えることは確実のようです。

## 2・2　GID（性同一性障害）医療

　日本国内の主要な医療機関では、日本精神神経学会のガイドラインに基づき、3つに大別される治療（精神療法・ホルモン療法・手術療法）が行われています。2018年度からは、手術療法の一部に公的医療保険が適用されることになりました。図表2・1は、その「保険適用」が審議された中央社会保険医療協議会総会（2017年11月29日）

## 図表2・1　性同一性障害の診断と治療の流れ

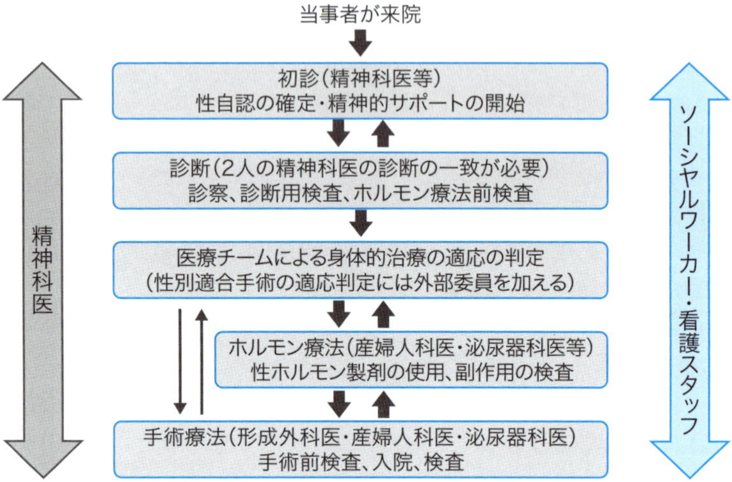

当事者が来院
↓
初診（精神科医等）
性自認の確定・精神的サポートの開始
↓↑
診断（2人の精神科医の診断の一致が必要）
診察、診断用検査、ホルモン療法前検査
↓
医療チームによる身体的治療の適応の判定
（性別適合手術の適応判定には外部委員を加える）
↓↑
ホルモン療法（産婦人科医・泌尿器科医等）
性ホルモン製剤の使用、副作用の検査
↓↑
手術療法（形成外科医・産婦人科医・泌尿器科医）
手術前検査、入院、検査

（左：精神科医／右：ソーシャルワーカー・看護スタッフ）

参考：「性同一性障害に関する診断と治療のガイドライン（第4版改）」日本精神神経学会

に資料として提出されたものです。

　専門外来を受診するかしないか、診断書を取得するかしないか、どのような医療をどういった組み合わせで利用するかは、個人によってさまざまです。最新版のガイドライン（第4版）でも、「治療は当事者の生活の質の向上を目的とした手段にすぎないことを銘記し、医療現場では当事者の自己決定と自己責任を最大限に尊重しながら、個々のケースに応じたよりきめ細かい判断が必要である」と書かれています。

　ちなみに、治療というといかにも「病気やけがを治す、治癒させる」といった印象を与えます。しかし、治療とは医師が行う行為のことです。WPATHという国際学会が策定するSOC（Standard of Care）は国際的ガイドラインとして知られているものですが、「治療」ではなく「ケア」という言葉が使用されていることに注目してください（インターネットで全文ダウンロード可能で、最新版『SOC-7 トランスセクシュアル、トランスジェンダー、ジェンダーに非同調な人々のた

めのケア基準』は日本語にも翻訳されています)。

　本書は医学書ではないので、治療に関する詳細な説明はしません。「企業人事が対応するにあたって、知っておいた方がより正確な対応ができること」に焦点をあてた情報を提供します。なお、診断・治療を受けていない場合や戸籍の変更がされていない場合でも、希望する性別で働くことや通称名の使用を認めるなど、各企業が独自に判断・対応できることは数多くあります。これについては本書第5章を参照ください。

## ◎診断書の取得

　ジェンダー・クリニックと呼ばれる専門医療機関で日本精神神経学会のガイドラインに沿ったホルモン療養や手術療法を受けるためには、2人の精神科医による診断が一致する必要があります。これにはかなりの時間と費用を要します。全国に専門外来が増えているとはいえ専門医の数はまだ少なく、予約は取りにくい状況が続いています。そして、初診から診断までには「半年から1年」かかる例が多いようです。精神科の治療費そのものは高額ではありませんが、この間の交通費や仕事の調整を考えれば、その負担はけっして軽いものではありません。シフト組みなど、企業の柔軟な対応と工夫が求められます。

## ◎ホルモン療法

　ホルモン療法は、身体の男性化や女性化を促すことを目的に行われるものです。思春期に発来する二次性徴を一時的に抑制することを目的に処方されるホルモン剤もあります。
- 性自認が女性の人(トランスジェンダー女性)に女性ホルモンを投与すると、乳房が発達する、勃起・射精機能が低下するといった変化が起こります。二次性徴によって生えたヒゲについては脱毛処理などをする場合があります。
- 性自認が男性の人(トランスジェンダー男性)に男性ホルモンを投

与すると、月経が止まる、声が低くなる、体毛が濃くなる、筋肉量が増加するなどの変化が起こります。

ホルモン剤の作用には個人差があります。また、1回の投与で急激な変化が起こるわけではなく、少しずつ変化が進んでいきます。当人にとっては望んだ外見に近づいていく一方で、周囲の人が怪しんだり戸惑ったりしないかと心配をする時期でもあります。さらには副作用として、うつ的になったり、更年期障害に似た症状が起こることもあるので、産業カウンセラーなどの適切な対応が期待されます。

性別適合手術後や、戸籍上の性別が変更された後にもホルモン投与は続きます。診断書の取得時期と同様に、通院に関する配慮について調整を図るようにしてください。

### ◎手術療法

手術療法は、性別適合手術（性腺の摘出・内性器手術・外性器手術）とそれ以外に大別されます。「それ以外」はともかく、性腺（卵巣・精巣）の摘出は「故なく、生殖を不能にすることを目的として手術又はレントゲン照射を行ってはならない」と規定された母体保護法の禁止事項にふれるため、ジェンダー・クリニックなど主要な専門医療機関では「適応判定委員会」を設けるなどして、成人を対象に慎重な審議を行うことになっています。

#### ●乳房切除、喉仏切除

乳房切除は、「女性的な胸のふくらみをなくしたい」というトランスジェンダー男性が受けることが多い手術で、乳房を切除して胸を平らにします。麻酔が必要とされる手術で、日帰りで行われることもありますが、多くの場合、数日〜数週間の休養が必要となります。また、術後しばらくは定期的な検診が必要です。

喉仏切除は、「男性的な喉仏をなくしたい」というトランスジェンダー女性が受ける手術で、喉仏の軟骨を削るものです。部分麻酔が必要となる手術で、術後しばらくは声が出しにくくなることがあります。

いずれの手術についても、通院に関する配慮や、術後の仕事内容に関するヒアリングが必要とされる場合が考えられます。

● 性別適合手術

性別適合手術とは、性自認に身体の性を近づけるため、内外性器に対して行う手術の総称です。性腺（卵巣・精巣）の摘出と外性器手術の両方を同時に行うこともあれば、どちらかを先に、あるいはどちらかだけを行う場合があるなど、その組合わせは個人のニーズによってさまざまです。一般には、トランスジェンダー女性の場合は、精巣の摘出・男性器の切除・膣形成などの組合わせが考えられます。トランスジェンダー男性の場合は、内性器の摘出・男性器の形成などの組合わせが考えられます。

国内では対応できる専門医が少なく、2018年に始まる公的医療保険に対応する医療機関もごく一部であることから、タイなどの海外での手術を受けるケースも少なくありません。国内・海外の別にかかわらず、手術の種類や術後の経過によっては数ヵ月程度の休暇が必要となる場合もあります。

## 2・3 トランスジェンダーの多様性

### ◎多様な表現（自称）

トランスジェンダーの人々が自身をどのように捉え、表現（自称）するかは、人によってさまざまです。現在よく聞かれる言葉を、**図表2・2**にまとめました。実際にはこの他にもいろいろありますが、人事担当者の方などが相談にあたる際の参考にしてください。

### ◎多様なニーズ・「困りごと」

トランスジェンダーのありようは、表現（自称）を含め、実にさまざまです。すべてが戸籍や住民票の性別を変えたいと願っているわけでもなければ、変えたいと願っていても叶えられない場合もあります。

### 図表2・2　トランスジェンダーの多様な表現（自称）

| 戸籍上の性別 | 表現（自称）例 | |
|---|---|---|
| 女性 | 男性<br>**トランスジェンダー男性**、トランス男性<br>トランスセクシュアル<br>FtM<br>（FtMの）性同一性障害者 | |
| 女性 | Xジェンダー | FtX |
| 男性 | Xジェンダー | MtX |
| 男性 | 女性<br>**トランスジェンダー女性**、トランス女性<br>トランスセクシュアル<br>MtF<br>（MtFの）性同一性障害者 | |

※表内のゴシック体の文字は、本書で主に用いる表現です。
※他に「トランスセクシュアル」という言葉もありますが、近年使われることは減っています。

　身体に違和がある人もいれば、ない人もいます。専門外来を受診する人もいれば、しない人もいます。社会的に置かれた環境や、それぞれの考え方、身体の状況によって、さまざまなスタンスがあり得るのです。

　したがって、トランスジェンダーが直面しうる「困りごと」やニーズも多様であり、当然のことながらトランスジェンダーだからといって、そのことが日常生活に困難を抱えているということとイコールでもありません。企業における「合理的配慮」を検討する際は「診断書」や「性別変更」の有無が注目されがちですが、これらがあっ

#### 用語解説

##### Xジェンダー

　出生時の性別に違和感はあるが、女性か男性どちらかのみの性別を選ぶこともできない・したくない、といった性自認のあり方。性別を選べない・性別がXである、ということから生まれた言葉で、日本独自の概念であると言われている。英語圏には、Pangender（パンジェンダー）といった類語が存在している。

**FtM**：Female to Maleの頭文字。直訳すると「女性から男性」
**MtF**：Male to Femaleの頭文字。直訳すると「男性から女性」
**MtX**：Male to X-gender。直訳すると「男性からXジェンダー」
**FtX**：Female to X-gender。直訳すると「女性からXジェンダー」

てもなくても、「困りごと」はさまざまにあるという例を、以下に紹介します。

● 性同一性障害の診断書がないのは「ホンモノ」ではない？

　性同一性障害の診断書は、トランスジェンダー当事者である証明書とは異なります。困りごとがあるなら、専門外来を受診して相談しているはずだ、というのも違います。世界中の専門家（当事者を含む）が組織する国際学会WPATHは、「いかなる医学的・外科的・精神保健的治療および診断の有無も、個人のジェンダー・アイデンティティの的確な指標になるものではない」と明言しています。

　日常的に困りごとがあって、専門外来を受診したいと思っている人でも、それが叶わないということもあります。「居住地域に専門医がおらず、受診を望んでいてもできない」「（とくに学生や被扶養者の場合）保険証の利用履歴から、家族にトランスジェンダーであることが不本意にばれてしまう危険性があり、受診できない」などが考えられます。

　また、「トランスジェンダー当事者であれば、性同一性障害の診断書を取得して当たり前だ」という風潮さえあるなかで、あえて専門外来を受診しない人もいます。だからといって、困りごとがないわけではありません。診断書があたかも「自分が自分であるためのパスポート」であるかのように、それを取らなければ先に進めない（企業な地域社会でニーズに応じた調整＝合理的配慮を求めることができない）となることに異議を唱えているトランスジェンダー当事者もいます。

● 性同一性障害の診断書があるのに、手術はしない？

　トランスジェンダーのありようも、直面する問題もニーズがさまざまなら、必要とする医療的処置の種類も程度もさまざまです。診断書を取得しようと思った理由も一様ではありません。「診断書を用いて名前が変えられれば、日常的な問題が解決するため、手術等は必要がない」「身体への負担が大きすぎるなどの事情から、医師から手術の許可がおりない」「性別適合手術は金銭面の負担が大きい」「（とくに

学生の場合）保護者の理解が得られない」など、さまざまな理由・事情があります。

● トランスジェンダーなのに、戸籍や住民票の性別を変えない？

戸籍の変更には厳しい要件があり、望んでいても変えられない場合があります（詳細は2・4参照）。

このように、トランスジェンダーの人々のなかでも「性同一性障害の診断書がある」という方は一部に限られ、また、「戸籍や住民票の性別を変える」という選択を望む方・できる方はさらに限定されます。診断書や戸籍を基準にしてしまうと、トランスジェンダーの人々のごくごく一部の人の困りごとしか解決できなくなってしまうのです。また、「診断を受けているかどうか」や「どのような手術を受けているか」といったことで、その方の困りごと度合いを判定することもできません。企業においては診断書の提出や戸籍の変更を求めるのではなく、広くトランスジェンダーの人々の困りごとを聞き、SOGIの差異に基づく職場の不平等・不公正を見直していくことが求められています。

## 2・4 戸籍の性別変更

「性同一性障害者の性別の取扱いの特例に関する法律」では、性同一性障害の診断を受けた者が戸籍上の性別を変更する手続きとして、5つの要件を設定しています。これらの要件を満たし、家庭裁判所での審判を経て、戸籍の性別が変更された場合は、各種人事情報の変更が必要となるでしょう。

なお、戸籍上の性別変更の5つの要件は、以下のとおりです。

① 20歳以上であること

法的性別の変更は、成人となった個人の自己決定に基づくものでなければならない、といった考えから、20歳以上であることが求められています。

② 現に婚姻をしていないこと

　日本では同性間での婚姻が認められていないため、結婚している場合、戸籍上の性別を変更する際には離婚をすることが求められています。

③ 現に未成年の子がいないこと

　当初の法律では「現に子がいないこと」とされていましたが、その後条件が一定度緩和されています。

④ 生殖腺がないこと、または生殖腺の機能を永続的に欠く状態にあること

⑤ その身体について他の性別にかかわる身体の性器にかかわる部分に近似する外観を備えていること

---

**Column**

### 性別変更に係る「手術要件」をめぐる国際的動向

　「性同一性障害特例法」は、性同一性障害者を「自己を身体的及び社会的に他の性別に適合させようとする意思を有する者」と定義し、性別変更手続きに必要な要件として「手術」を挙げています。ところが2014年、WHOをはじめとする複数の国際機関が、これを強く非難する共同声明を発表しました(注1)。この声明は、優生思想のもとで障害のある人々に対して行われてきた不妊手術・断種が、各国および国際人権法などが保障する基本的人権を侵害するものだと述べ、これと同列に「手術要件は、身体の完全性・自己決定・人間の尊厳の尊重に反するものであり、トランスジェンダーおよびインターセックスの人々に対する差別を引き起こし、また永続させるものである」と非難しているのです。スウェーデンでは、2013年に「手術要件」を撤廃し、優生政策のもとで断種を強いられた人々とトランスジェンダーを等しく扱い、「性別変更するため、意に反して手術を受けさせられた」という人々の損害賠償請求に応じるとしています。

　世界ではすでに、性別適合手術を受けることなく、性別が変更できる国が存在しています。欧州約20ヵ国を始めとして、南米、北米、アフリカ、アジア・オセアニア地域に広がっています。しかし、これは手術の禁止やこれを不要

だとする動きとはまったく異なります。むしろ、WHOらの共同声明は、手術を含め、当事者ニーズに応じた医療サービスへのアクセスが十分に保障されなければならない、とも勧告しています。

　健康上の理由や経済的理由で手術ができず、性別変更ができない人たちがいます。それ以上に、トランスジェンダーのありようも、ニーズも、身体との向き合い方もさまざまなのです。トランスジェンダーに関する世界最大の国際学会であるWPATHもまた、次のように勧告しています。「いかなる医学的・外科的・精神保健的治療および診断の有無も、個人のジェンダー・アイデンティティの的確な指標になるものではない。したがって、法的な性別変更の要件にしてはならない」[注2]。

　国連諸機関の共同声明や国際学会の勧告は、トランスジェンダー当事者の声を反映したというばかりでなく、日本より少なくとも20年以上も前からトランスジェンダーと医療の問題に取り組んできた歴史的教訓や専門家の知見、そして何よりも国際人権法に基づいています。日本の法律はすぐには変わらないかもしれません。しかし、企業や地域社会の対応においては、こうした制度の不備・不調が生む谷間を埋めることができるはずです。ぜひ、当事者ニーズに沿ったきめ細やかな対応を行っていただきたいと切に願います。

注1　国連人権高等弁務官事務所（UNHCHR）、国連ウィメン（UN Women）、国連合同エイズ計画（UNAIDS）、国連開発計画（UNDP）、国連人口基金（UNFPA）、国連児童基金（UNICEF）、世界保健機構（WHO）：「強制・強要された、または非自発的な断種の廃絶を求める共同声明」2014年5月30日

注2　WPATH（2015）WPATH Statement on Identity Recognition, 19 January 2015. Retrieved from http：//www.wpath.org/

# 第3章

# 多様なトランスジェンダーの声

Chapter 3

第3章 多様なトランスジェンダーの声

# Case 1

**セクシュアリティ**

| 性自認 | 女性ではない |
|---|---|
| 出生時に割り当てられた性別 | 女性 |
| 性的指向 | 無回答 |
| ジェンダー表現 | 男性寄り |

**社内対応**

| 社内での情報共有範囲 | 人事、上司、同僚など社内のほぼすべて、および、一部取引先などの外部 |
|---|---|
| 対応したグループのメンバー | 人事、上司 |

## 1. プロフィール

Nさん

　1989年福岡県生まれ。東京の大学を卒業後、新卒で東京のベンチャー企業に入社。営業職を経て、販売企画部門課長を務める。

## 2. ライフヒストリー

　小学校の入学式の思い出は今も強烈に覚えています。当時のランドセルは、女の子は赤、男の子は黒という暗黙の了解で決まっていましたが、自分は赤いランドセルがイヤで、黄色のランドセルを買ってもらったんです。でも、黄色のランドセルの子が自分以外に誰もいないことや、目立ってからかわれることにびっくりしました。

　高校生の頃、制服のスカートを履くのもすごくイヤでした。家族が寝た後にインターネットで検索して、「トランスジェンダー」という言葉に出会ったんです。「自分はきっとトランスジェンダーなんだ」と、初めて自分を名乗る言葉を手に入れました。「いったい自分は何者なのか？」と悩んでいたところに、名前が与えられたような安心感がひたすら大きかったです。

しかし、同時に間違った認識も入ってきてしまい、「自分は女性でないのであれば、これから男性になっていかなきゃならないんだ」と思い込んでしまったんですね。「女性として生きていけない」という感覚は自分の中で確かなものだったので「じゃあ、男性になる」という極端な考え方しかそのときは思いつかなかったんですよね。

　「もうこの道しかない」と思って、自分の女性的な面を否定するようになりました。私服もよりメンズっぽいものを選んだり、男っぽいしぐさを研究して練習したり、自分を典型的な「男性」にあてはめようと努力していました。

　大学進学の際、「今までずっと女の子として育ててくれたと思うんだけど、実は今まで1回も自分を女の子だと認識したことがないんだ」と、母親にカミングアウトしました。娘と信じて疑わなかったわが子から突然のカミングアウトをされた母は号泣し、ひとしきり泣いた後にこう言いました。「気づいてあげられなくてごめんね」。「謝ってほしかったわけじゃないし、お母さんが悪いわけじゃないよ」と言ったけど、自分を責める母の姿は忘れられません。情報がないとカミングアウトする方もされる方も困るんだと実感しました。その後対話を重ねる中で、最終的には私を応援する形で東京の大学へ送り出してくれました。

　大学に入って、初めて学校が楽しいと感じました。セクシュアリティ（性のあり方）だけにとどまらず、多様性に富んだ大学だったので、カテゴリーに入っても入らなくても「自分は自分、自然でいいんだ」と思えたんです。性別への違和感を自覚してからは「男にならなければ」と思い込んできたけれど、「これってそれ以前の女という枠組みの中でふるまっていたときの息苦しさと変わらないじゃないか」と気づいたんです。「昔は女を演じていた、今は男を演じている」という状態だなと。

　大学に入ってからは、性別じゃなく私自身をみて仲良くしてくれる友達も増え、「男」という存在にならなくても自分は人と関係性を結べる、そこに性別っていう要素は必要ないんじゃないかと思いました。

その頃にこころの性を男女に二分しないXジェンダーという言葉を知り「これだ！」とも思いました。しかし同時に、Xジェンダーで企業で働いている大人を知らなかったので、「そもそも民間企業で働けるのだろうか？」ととても不安に思いました。

### 3. 職場でのカミングアウト

いよいよ就活時期になると、スーツや説明会、エントリーシートの男女欄など、男女に分けられることが多く戸惑いました。自身を男性・女性のどちらかとは認識していませんが、「女性ではない」という性自認があり、男女で分けられるのであれば男性として扱われることを望むため、履歴書の性別欄は空欄、スーツはメンズスーツにして、どちらについても面接で事情を説明しました。説明会では、人事の方にセクシュアリティのことや気になることをうかがいました。「前例がないので」と断られることもあれば、「わが社にもLGBTの社員はいます。履歴書には自分が思う性別を書いていただいていいですよ」と言ってくれた企業もありました。最終的に就職した会社でも、「戸籍上は女性なんですが、女性としてではなく就労したいと思っています」と希望を伝えていました。

内定の連絡でも、「私たちの会社でNさんのようなセクシュアリティの方が入るのは初めてなので、もしかしたらこちらの準備不足な点があるかもしれません。だけどセクシュアリティに関係なくNさんの人間性をみて一緒に働きたいと思ったので、内定を出させていただきます」と言ってもらえて、ここで働こうと決めました。

入社前に「社内にはカミングアウトをしたい？ どういうふうにする？」と人事から希望を聞いてもらい、内定の段階で全社員へメールで概要をカミングアウトしました。同期内定者のみんなには、入社前研修の際に時間をもらい、直接カミングアウト。そのおかげで、事前に自分のことを知ってもらえているという安心感のもとに入社できました。現在、新しく入ってくる社員には、同部署であれば自分から話

し、そうでない場合は「個人的に話す機会があれば話す」という状態です。既にカミングアウトしている人には、「他の人から自分のことについて尋ねられたら、本人に直接聞いてみて、と伝えてほしい」と言っており、中途半端に噂話として広まることは避けられていると思います。社内の人間関係で、セクシュアリティを理由に困ったことはとくにありませんでした。

　勤務時の服装は、スーツ着用の際はメンズスーツでネクタイ着用、そうでないときはボーイッシュな格好です。職場のトイレは、オフィスビルの勤務階に性別を問わず使えるトイレがないため、男性用トイレを使用し、宿泊の際の部屋は男性と一緒、入浴は個別といった対応をしてもらいました。健康診断は、会社指定のクリニックで受けていますが、会社からのサポートがとくにないため、毎年クリニックの担当者と個人で相談をして、更衣室などについてはその都度調整してもらっています。

　会社の取引先関係で会員証などを作成する必要がある際は「男性」として登録してもらい、本人確認書類として運転免許証を利用しています（著者註：免許証には性別表記がなく、利用しやすい）。

　社内では、セクシュアリティも含めた自分を自然に受け入れてくれていると感じられて、とても働きやすい環境です。たとえば、直属の先輩と営業に行った際、お客さまが私を指して、先輩に「この子はどっち？　女の子として扱えばいいの？　それとも男の子？」と聞いてきたとき、先輩は間髪入れずに「いや、一営業として扱ってください」と言ってくれました。セクシュアリティ関係なく、一人の人間として扱ってくれる人、そして、困ったときは相談できる、支えてくれる、一緒に考えてくれると思える人が社内にいることが心強かったです。

## 4. 職場に求めるトランスジェンダー職員への対応

　カミングアウトもその他の事項も、マニュアル化した対応にするのではなく、その都度本人の希望を確認するという方法をとってほしい

です。そして、困る場面を想像すると共に、本人が安心して相談できる窓口や担当者を明らかにしておくことが必要だと考えます。当人が希望するなら、職場環境に慣れるまでの間、定期的な面談の場を設けることも有効かもしれません。とくに新入社員であれば、「個人的なことで時間を取らせてしまう」といった遠慮があることが想定されるためです。

　とくに、Xジェンダーなど、性自認が男女どちらかとは言い切れない人の場合、トイレや更衣室はどちらの性別の設備をどのように利用したいか、場面に応じて希望を確認してほしいです。健康診断などでは、「自分はこちらの性別で扱われたいが、身体や戸籍の都合で、集団には混じれない」ということもあります。また、正装や制服を着用する場合、性別を問わず着られるものがなければ、できる限り本人の希望に沿って、どちらの性別も選べるようにするといいと思います。本人の見た目の性別と大きく異なる場合でも、まずは本人の希望を確認し、どのような対応ができるかを一緒に考えてください。その際、「こちらの性別のものを使っているということは、やっぱり男／女？」といった憶測による噂が独り歩きしないよう、公表範囲について本人の希望を確認の上、周囲との連携について考えることも必要だと思います。

　顧客や取引先など、社外の人とも接する場合は、他の社員へ「あの人は男／女？」と聞かれることが想定されます。そう聞かれたときにどう応えるか、どう対応するかということについても、本人の希望が反映されるよう、本人との信頼関係構築と職場での理解促進を、対応グループが中心となって進めてくれると、安心して働けると思います。

# Case 2

**セクシュアリティ**

| 性自認 | 女性 |
|---|---|
| 出生時に割り当てられた性別 | 男性 |
| 性的指向 | 性別を問わない |
| ジェンダー表現 | 女性 |

**社内対応**

| 社内での情報共有範囲 | 人事、上司、同僚 |
|---|---|
| 対応したグループのメンバー | 人事、上司 |

## 1. プロフィール

Sさん

　1988年福岡県生まれ。大学は工学部へ進学。大学院工学研究科卒業後、国立研究開発法人に就職。現在は工学分野の研究に携わるかたわら、特定非営利法人のスタッフなども務める。

## 2. ライフヒストリー

　3人兄弟の末っ子として生まれました。幼稚園の頃から、男子よりも女子と遊ぶことの方が多かったように思います。声変わりをしたのは小学校6年生、二次性徴はすごくイヤでした。家でこっそり母親の服を着たこともあったけれど、そのまま外に出るなんて考えてもいなかったし、今後自分が女性の格好をすることもないと思っていました。

　幼少期から理系の科目が大好きで、大学は工学部に進学。大学生のとき、トランスジェンダーであることを自認しました。

　初めてカミングアウトをしたのは従姉妹です。一緒に遊びにいって恋愛話になった際に、「男子のことも好きになるんだよね」とカミングアウト。会話の流れが自然で、口にしてから自分でも思わず「あ、言っちゃった！」と驚いてしまうほどでした。その後、電話でトラン

スジェンダーについてもカミングアウトしました。

　就職後、両親にもカミングアウトをしましたが、「思い違いなんじゃないか」と怒られました。カミングアウト以降は、何度か実家に帰ってはいるものの両親との間にはいまだに確執があります。性別を変えると決めてからは、周囲に広くカミングアウトをしています。私がカミングアウトをするのは、これまでお世話になった人と縁を切りたくないからです。性別を変えていくにあたり、昔の私を知っている人に今の私のことを知らせなかったとしたら、もう会えなくなってしまいます。それがイヤだからこそ、カミングアウトをしています。否定的な意見は、家族から以外はありません。

### 3. 職場でのカミングアウト

　大学院卒業後、国立研究開発法人へ入所しました。男性として入所したため、しばらくの間は中性的な服装で通っていました。髪の毛も女子でいうショートカットで、男子だとちょっと長いくらいに伸ばしていましたが、職場には服装や髪型の規定はまったくなかったため、問題になりませんでした。

　そして、入所2年目の春、職場でもカミングアウトしました。ほとんどの方に1対1で伝えましたが、みんな驚いて、最初は「えっ?」と言って固まるみたいな感じでした。それでも、その後は比較的あっさり受け入れられたように感じます。研究者という特性上、柔軟性が高いという特徴のおかげかもしれません。

　今では、職場にも女性の格好で通い、名刺の名前も女性名の記載にさせてもらっています。通称名を使うために診断書が必要だったことは残念ではありましたが、望む性別で働けていることが幸せです。また、更衣室は着替えのタイミングをずらし、希望の性別の更衣室を使わせてもらっていて、トイレも希望の性別を利用しています。研修などで宿泊が必要な際は、男性と同じ部屋にならないようにしていただいています。また、健康診断は受診時間をずらして対応いただいています。

このように望む性で働けていることはとても嬉しいことです。また、就活前から職場の人間関係をある程度把握していたのが、就職を決めるうえで決め手になりました。就職後に性別移行できそうなのが薄々感じとれていたところがよかったです。しかし、アウティングされそうになったうえ、噂が一瞬で広がってしまったのは残念でした。

　カミングアウトから1年後、2016年の春からは性ホルモン治療を始め、カミングアウトから3年経った現在も2週間に1回ほどのペースで性ホルモン注射を受けています。性ホルモン注射を受け始めてからは、筋肉が細くなったり、肌がキメ細かくなるなど体に変化があり、嬉しく思っています。将来的には性別適合手術を考えていますが、現在休暇などの制度がなく、有給で対応しなければならないため、改善いただけたら嬉しいなと思っています。

# Case 3

**セクシュアリティ**

| 性自認 | 男性 |
|---|---|
| 出生時に割り当てられた性別 | 女性 |
| 性的指向 | 女性 |
| ジェンダー表現 | 男性 |

**社内対応**

| 社内での情報共有範囲 | 誰にも伝えていない |
|---|---|
| 対応したグループのメンバー | 対応なし |

## 1. プロフィール

Aさん

　1989年東京都生まれ。大学在学中に戸籍の性別を変更し、東京の大学卒業後、男性として公務員勤務。

## 2. ライフヒストリー

　幼稚園のときには確実に性別違和がありました。Ｊリーグの靴がほしくってほしくって買ってもらったのを覚えています。また、姉のおさがりの服はいくらでもありましたが、絶対に着ませんでした。幼少期から男の子とばかり遊んでいたのですが、小学校の高学年になるとクラスメイトたちに「○○くんが好きなの？」と言われるようになり、男の子と遊べなくなりました。小学校のときに見たドラマで性同一性障害を知り、中学入学後インターネットで検索するとさまざまな情報が見つかり、自分だけでないことや、治療ができることを知りました。自分のもっている違和感に名前がついて安心したのを覚えています。同じような気持ちをもった友達がほしいと思っていましたが、部活も忙しかったし普通に学校生活を送りました。

　高校は悩んだ末に女子校へ進学しました。もうひとつ受かった共学

の高校は、セーラー服だったこととプールの授業があるのがどうしても耐えられず、断念しました。高校は女子しかいなかったけれど、体育会系部活が強い学校で、性別を気にすることは少なかったです。また、トランスジェンダーと思われる人もいました。

20歳になる直前から性ホルモン投与を開始し、大学3年のときに戸籍の性別を男性に変更しました。大学1年生から就職浪人期間も含めた6年間同じバイトをしていました。その過程で名前や性別が変わったけれど、バイト先のみんなは変わらず接してくれて、今でも仲良くしています。

### 3. 職場での状況

現在の職場では一切カミングアウトはしておらず、男性として勤務しています。高校が女子校ではあるのですが、面接でも1回も聞かれませんでした。女子大学付属の高校だから、高校は共学なのかと思われたのかもしれません。

トイレは男性トイレの個室を、ロッカーは男性用を使用しています。宿泊研修はありませんが、今後部署が変わり宿泊研修があるようになったら、お風呂が困るだろうなと心配しています。

職場ではいわゆる「ホモネタ」も少なくないため、カミングアウトすることには躊躇しています。たとえば、忘年会で「彼女いないんですよ」っていうと「お前ほんとは男が好きなんじゃないか」と笑いながら言われたり、独身の上司に対して他の上司が「〇〇さんは男が好きだから。でも掘られないから安心して」と冗談として言っていたり。

仲のいい同期や先輩に言おうかなと思ったことはあるけれど、言ってしまったらもとの状態には戻れません。もしも否定的な反応だったら働きにくくなると考えると、トランスジェンダーであることは絶対にばれたくないと思っています。しかし、雑談のなかで「高校どこなの？」とか「部活はなにをやっていたの？」といった会話の際、「バスケやってました」と正直に言うと、「どこで？」と聞かれてしまい、

女子校とは答えられず黙るしかない…などヒヤッとする場面もあります。

また、私は戸籍名を変更してから入職したため問題ありませんでしたが、職場のメールアドレスがフルネームなのが気になっています。戸籍名と違う名前を職場で使っていたり、働きながら名前を変えたらすぐわかってしまうと感じています。

### 4．職場に求めるトランスジェンダー職員への対応

トランスジェンダーの人がいるということを知識として知っている人は増えてきたけれど、身近な自分の職場にもいるという意識を持っている人は少ないと感じます。自分の近くに、普通にいるということを知っていてほしいです。

自分が当初思っていたほど、トランスジェンダーに対して周囲が偏見がないのだろうとは感じていますが、期待するほど理解もされていないと感じます。知識のその先、「周りにもいるんだ」という感覚をもってほしいです。

# 第4章
## 職場のLGBT対応

Chapter 4

# 第4章 職場のLGBT対応

　ここでは、職場でのLGBT対応に関する具体的な方策を紹介します。トランスジェンダーの従業員への対応については、個別事例を第5章で解説し、ここではまず、本書を読み進めるにあたってとくに重視してほしいことをふたつ提示します。

　ひとつめは「職場全体のイシューとして捉えてほしい」ということです。申し出をしてくれた人だけ・特定の人だけに対応しようとするのではなく、職場として「LGBT全般への対応」「SOGIの観点からの職場環境改善」として捉えて対応を考える必要があります。本書を手に取った人のなかには、「同僚からレズビアンだとカミングアウトを受けた」「トランスジェンダーである部下から、性別の取扱いを変えてほしいと相談を受けた」というように具体的な申し出を受け、LGBT対応を考え始めた人も少なくないでしょう。

　性のあり方は非常に多様です。職場が男女に分けられていることで困る人は、トランスジェンダーだけではありません。LGBの人も、たとえば「自分は同性と同じトイレや更衣室を使ってもよいのだろうか。他の人に嫌がられたりしないだろうか」と気を遣う場合があれば、「異性と結婚をすることが前提の話は困る」と考える場合もあります。そもそも後者については、一般的なセクシュアルハラスメントにも該当するケースです。ぜひこの機会に、SOGIの観点から職場環境全体を見直していく取組みを進めてください。

　ふたつめは、「事前の取組み・予防的な取組みも必要だ」ということです。本書を手に取った人は「従業員からの申し出は1件もないが、今後に備えて対応を始めたい」と考えている場合も多いでしょう。そして「自分としては対応の準備を進めたいが、周囲から『声があがっていない段階では時期尚早ではないか』と止められている」という人もいることでしょう。

　まだ具体的な申し出がない段階でも、準備をするのはとても有用です。むしろ「LGBT対応をやらないことにこそリスクがある」ということを強調しておきます。よく聞かれる「ゲイの従業員がパワーハラ

スメントを受けたが、誰にも相談できずにうつ病を発症し、退職・離職してしまった」といった事例からもわかるように、対応をしないことが大きな損失を招いてしまいます。

これらの観点を踏まえたうえで、本章では、職場のLGBT対応の基礎をお伝えしていきます。

> 【Point】
> ✓ 当事者の直面する問題と個別のニーズを優先すること
> ✓ 「申し出がない≠問題がない」と考え、職場環境の見直しを始めておくこと

## 4·1 規定や行動指針への明記、支援宣言

職場におけるLGBTの人への対応は、その従業員の生産性アップや離職防止、福利厚生の不平等の是正だけではありません。職場としての法的リスク回避・企業イメージ向上の面でも、重要な要素のひとつとなっています。LGBTやSOGIの多様性に関して理解がない態度、懲罰的な態度をとることは、法的リスクを抱えることにも繋がります。2018年3月現在も裁判で係争中の事例があれば、懲戒解雇は無効とされた裁判例も存在しています。社内規定や行動指針において、LGBTに対する差別、SOGIの多様性を認めないような態度は許されないことを明記することが必要です。

また、経営層や管理職が、LGBTやSOGIに関して支援的なメッセージを出すのは、現場で働くLGBTの従業員にとって非常に心強いことです。しかし一方で、経営層が記者会見などの場で無理解に基づいた発言をすると、投資家に悪い印象を与えることにもなりかねません。直接的な差別発言はもちろんですが、とくに気をつけたいのは「わが社にLGBTの人はいない」という誤った認識です。LGBTは従業員にもお客さまにも投資家にも、当たり前に存在しています。

そして、LGBTであることは決してプライベートなことではなく、女性・障害者・外国人などと共に、ダイバーシティ経営・グローバル経営における重要課題のひとつです。LGBTという一部の人間を「特別扱い」するのではなく、どのような従業員もお客さまも「公正」に扱うのだという姿勢、社会の不公正に対して企業として共に闘う姿勢が求められています。

実際に規定や行動指針を改正したり、経営層が支援宣言を出す際に、どういった文言で、どこに重きを置いた内容にするかは、職場の状況ごとに異なります。LGBTの人の多様さ、繊細さに配慮する必要があります。たとえば、差別に対して激しく怒りを表明するような文章は、現場のLGBTの人がかえって萎縮してしまったり、LGBTでない人が自分が責められているように感じて不満や反感を抱く結果を招いてしまうかもしれません。従業員対応・顧客対応の双方のバランスもとりながら、職場の雰囲気に合った改定や宣言が求められているといえるでしょう。

### ◎規定や行動指針への明記

- 企業として差別やハラスメントを禁止する規定、あるいは従業員の行動指針などに、「性的指向」「性自認」「性表現」に基づく差別を禁止する旨を明記しましょう。「性別」「年齢」「門戸」「国籍」「人種」「民族」「宗教」「障害の有無」などと並列で明記することが必要です。「LGBTも含むSOGIに基づく差別」といった表現もよいでしょう。「LGBT」とだけ記すと、性の多様性への理解が浅いと取られてしまう可能性があります。
- 「すべての従業員を平等に扱う」といった形でとくに明記をしていないケースは、LGBTの人からすれば、自分が含まれていると実感しにくいので、何らかの補足説明を追加してください。
- 経団連のレポートでは、各社の具体的な表記を知ることができます（http://www.keidanren.or.jp/policy/2017/039_honbun.pdf　18 〜

42ページ）。

- 2020年東京オリンピック・パラリンピックの「持続可能性に配慮した調達コード」にも、「性自認」「性的指向」に基づく差別を禁止する旨が入っています。国際的なイベントに限らず、グローバルに事業を展開している場合、取引先の選定基準に差別禁止の有無が含まれていることは少なくありません。また、国内においても、契約書に差別禁止を明記する自治体が出てきています（P.20参照）。通常、規定や指針の改正は数年に一度はあるので、次回の改正時に間に合うように準備を進めておくとよいでしょう。

---

### Column

### オリンピック憲章とLGBTに関する法律

2014年のソチ冬季オリンピックでは、ロシアが同性愛宣伝禁止法というLGBTに対して非常に差別的な法律を2013年に制定したことを受け、欧米の各国首脳が開会式への参加をボイコットする、という出来事がありました。これを受けて、2014年12月、国際オリンピック委員会は、オリンピック憲章に性的指向による差別禁止を盛り込むことを決議しています。

現在は「オリンピズムの根本原則」に「6.このオリンピック憲章の定める権利および自由は人種、肌の色、性別、性的指向、言語、宗教、政治的またはその他の意見、国あるいは社会のルーツ、財産、出自やその他の身分などの理由による、いかなる種類の差別も受けることなく、確実に享受されなければならない」ことが明記されました。国際社会におけるLGBTムーブメントが、メガ・スポーツ・イベントにおけるポリシーメイキングにも影響を及ぼした例のひとつと言えるでしょう。

■オリンピック憲章（日本語訳）
http://www.joc.or.jp/olympism/charter/

## 持続可能性とSOGI

　2020年東京オリンピック・パラリンピックの「持続可能性に配慮した調達コード」は、SDGs（Sustainable Development Goals：持続可能な開発目標）に掲げられた持続可能な消費・生産の形態が確保された社会の実現を念頭に制定されたものです。

　SDGsは2015年に国際連合において採択された「我々の世界を変革する：持続可能な開発のための2030アジェンダ」に基づいて設定された、17の目標と169のターゲットからなる開発目標です。その中に「目標5：ジェンダー平等を達成し、すべての女性及び女児の能力強化を行う」「目標8：包括的かつ持続可能な経済成長及びすべての人々の完全かつ生産的な雇用と働きがいのある人間らしい雇用（ディーセント・ワーク）を促進する」「目標10：各国内及び各国間の不平等を是正する」などのように、LGBTにも関連する目標が設定されています。

　つまり、オリンピック・パラリンピックの調達コードにおけるSOGIに基づく差別禁止の明文化は、P.55のコラムにあげたオリンピック憲章だけではなく、持続可能性という文脈にもよるものなのです。一時的なブームではないかたちで、LGBTへの対応やSOGIに基づいた差別の解消を考えていく必要があります。

■2020年東京オリンピック・パラリンピックにおける「持続可能性に配慮した調達コード」
https://tokyo2020.jp/jp/games/sustainability/sus-code/

■国際連合広報センターによるSDGsの解説
http://www.unic.or.jp/activities/economic_social_development/sustainable_development/2030agenda/

## 4·2　個人情報保護

　人事担当者や管理職の間で「とくにトランスジェンダーにとっては、戸籍上の本名と性別は重大な個人情報なのだ」という認識を十分に共有しておく必要があります。戸籍上の名前については、トランスジェンダーでなくても知られたくない場合があります。たとえば「旧姓を利用している女性の場合」「結婚・離婚の状況を知られたくない場合」「在日外国人で通名を利用している場合」などが考えられます。

　一方、トランスジェンダーの従業員にとっての戸籍情報は、自身がトランスジェンダーであることが不用意に明かされかねないものであり、職場だけでなく、社会生活に関わる重要な情報であることを理解する必要があります。

### ◎戸籍情報の開示がアウティングにつながる事例

- 「見た目は女性だが、戸籍上の名前が太郎」「見た目は男性だが、戸籍上の名前が花子」など、名前から戸籍上の性別が類推されてしまう場合があります。戸籍上の性別や名前を変えておらず、通称名を使っている人もいるため、注意が必要です（戸籍上の性別変更の困難さについてはP.36を参照）。
- 健康診断の受診日程の割振り表を、「女性日程／男性日程」と「戸籍上の名前」で制作して貼り出した職場で、「性別と名前は異なるが、姓が一致する者が他にいない」という理由から、通称名を利用していたトランスジェンダーの従業員のアウティングにつながってしまった事例があります。「貼り出さずに、個別メールで通知する」「貼り出す場合には名前は明記しない」などの工夫が必要です。

### ◎人事システム

- 社内の人事システムについて、社会保険システムとの連携がある場合は、通称、戸籍上の氏名、性別の登録が必要になります。通称名

- を戸籍名とは別に登録ができ、かつ一般従業員が閲覧できるのは通称名までに限定できるとよいでしょう。
- 人事システムへのアクセス権、アクセス範囲をこの機に見直し、戸籍上の氏名、性別、家族などのプライバシーに関わる情報は、業務上必要のある従業員だけに限定することを推奨します。
- 各種の届け出に関して、プライバシーに関わるものは、承認経路を最小限とするよう運用の見直しを行うとよいでしょう。

## 4.3　相談窓口

　虹色ダイバーシティと国際基督教大学ジェンダー研究センターの共同調査（2016年）によると、職場で差別的言動やハラスメントがあったときの相談相手として、上司や同僚を選択するLGBTの人は決して多くありません（LGBその他14.8％、T 18.7％）。多くのLGBTの人は相談をしない（LGBその他31.7％、T 32.2％）、相談をするとしても会社外の友人であるケースがもっとも多い（LGBその他52.9％、T 46.1％）、という結果が出ています。労働組合を相談先に選ぶ人はもっと少なく（LGBその他4.3％、T 3.1％）、職場内での相談がしにくい現状が浮き彫りになっています。

　職場には人事担当者のほか、ハラスメント相談窓口、産業医などの健康相談窓口など、さまざまな相談先が存在しています。とくにトランスジェンダーの場合、健康診断の受診に関して、健康保健関連の窓口に相談を持ちかけることは少なくありません。人事部門は把握していないケースも産業医が知っている、という例もあります。また、窓口ではなくとも、上司が相談先として想定されている場合も少なくないでしょう。誰が担当することになっても相談がしやすい体制を整えていく必要があります。

## ◎相談窓口整備の事例

- 相談窓口の担当者がSOGIに関する研修を受けること、受講済みであることを明示することが必要です。社内イントラや掲示物などで「人事担当者向けにLGBT研修を実施しました」といった実施報告を掲出するだけでも、LGBTの人が安心して話せる可能性は高くなります。
- 対応可能な相談の例として「性自認や性的指向に関することも相談できます」や「性別を変えて働き続けたいといった相談にも応じます」など、具体的な表記を加えましょう。「なんでも相談できます」と広い枠組みの提示に留めず、具体的に表現することが重要です。
- 相談窓口にフラッグなどの6色のレインボーグッズを掲出することも、メッセージとして有効です（P.219参照）。

## ◎相談にあたっての心構え

- まず最初の段階では、傾聴することを意識してください。相談してきた人の性別などを、見た目や口調から勝手に判断することは控えましょう。
- 相談をもちかけられた場合でも、本人がうまく話せないこともあります。うまく質問をして話を引き出すと同時に「答えにくい質問には答えなくてもよい」ということをしっかり伝えるようにしましょう。
- LGBTの人には、自分の性に関する困りごとを他者に頼った経験がない人も少なくありません。「10年以上、誰にも言わずに生きてきた」人もおり、自分の状況を言葉ではうまく説明できない人も、怒ったり泣き出したりする人もいます。また、設けられた制度自体や窓口担当者の善意が疑われてしまう場合もあるでしょう。
担当者は「これまでの人生で、人に頼ることが社会的に許されてこなかった」という社会的文脈を理解しておく必要があります。
- 相談にあたって、LGBTであることをカミングアウトしてこないケースもあります。カミングアウトをされていない場合でも、相手を不

快にさせないニュートラルな言葉遣いを心がけましょう。本人が明示的に言うまでは、レズビアン・ゲイ・バイセクシュアル・トランスジェンダーなどアイデンティティに関わる言葉は使わないようにしましょう。またもちろん、SOGIに関するハラスメントの相談の場合、LGBTのいずれでもない人が相談している場合もあります。

- 相談に際して、プライバシーを保てる環境をつくってください。会議室を確保する、電話での相談を許可するなどの工夫が可能です。
- 相談によって得られた個人情報の共有範囲を明確にしましょう。相談に訪れた人は、アウティングや相談窓口での二次被害を恐れています。相談の最初の段階で個人情報が保護される旨を明示し、相談のなかで他部署などにつなぐ必要が生じた場合には、「部署」「担当者」「伝える内容」「伝えなければならない理由」「伝える方法」を説明し、必ず事前に同意をとるようにしてください。
- LGBTやSOGIに関する質問で専門的なものは、自社内では解決できない場合があります。事前に社外の団体、とくに事業所の立地近くのLGBT支援団体の情報を集めておくとよいでしょう。

---

**Column**

### 「家族がLGBT当事者です」という相談について

　職場で相談対応を始めた場合、その利用者はLGBTの人だけではなく、そのご家族からも相談が持ち込まれる場合があります。「自分の子どもからレズビアンだとカミングアウトをされたが、まだ受け入れられない」といった相談や、「結婚生活10年目になるが、妻と思っていたパートナーから『実は自分はトランスジェンダーで、男性として生きたいと思っている』とカミングアウトを受けた。ふたりで社宅に住み続けることはできるだろうか」といった相談もあるでしょう。一見仕事に直接関わりがないようにもみえますが、多大なストレスを抱えた状態で業務を続けることは困難ですし、「自分の状況をわかってくれる人がいる」というだけでも安心して働き続けられます。できる範囲で話を聞ける体制が設けられるとよいでしょう。

4・3 相談窓口

## Column

### 国や自治体によるLGBT相談窓口

　LGBT相談窓口を運営している国や自治体も、全国で増えてきています。LGBTの人だけでなく、家族や友人、同僚など、周囲の人々も利用することができます。（2018年3月1日現在）

●よりそいホットライン：一般社団法人社会的包摂サポートセンターによる、復興庁及び厚生労働省社会・援護局の補助金事業
・電話相談（24時間）
　0120-279-338　4番「性別や同性愛などに関わる相談」
・ウェブサイト　http://279338.jp/yorisoi/

●東京都世田谷区：世田谷区立男女共同参画センターらぷらすによる運営
・電話相談　毎月第1木曜日　18：00～21：00
　　　　　　第2土曜日　　　18：00～21：00
　　　　　　第3木曜日　　　13：30～16：30
　03-6805-5875
・ウェブサイト　http://www.laplace-setagaya.net

●東京都渋谷区：渋谷男女平等・ダイバーシティセンター＜アイリス＞による運営
・電話相談（毎月第2・第4土曜日 13：00～16：00）
　03-3464-3401
・ウェブサイト
　https://www.city.shibuya.tokyo.jp/est/oowada/iris.html

## 4・4　ハラスメント対応

4・1ですでに触れたように、SOGIに基づくからかいはハラスメントにあたります。職場としては、ハラスメントに対する措置義務があるので、対処の仕方をきちんと考えておく必要があります。

今日の日本では、厚生労働省による男女雇用機会均等法のセクシュアルハラスメント指針において、同性間のセクシュアルハラスメントが明示され（2014年）、さらには「性的指向・性自認」という言葉も明記されるようになりました（2017年）。しかし、SOGIやLGBTに関する知識が浸透しているとは言えず、多くの人は何がハラスメントになるのかを理解していません。ハラスメントを防止するためには、研修などの教育機会を増やしていく必要があります。

虹色ダイバーシティと国際基督教大ジェンダー研究センターの共同調査（2016年）によると、職場でLGBTに関する差別的言動が頻繁にあると答えたLGBTの人々は58％、LGBTでない人々は28％でした。これは、LGBTの人々のほうがハラスメントに対する「感度」が高いことを示しています。性に関するハラスメントをより敏感な人の目線から解消していくためにも、LGBTの人も相談しやすい窓口体制をつくっていくことは有用です。

### ◎とくにトランスジェンダーに関連するハラスメントの例

- 髪の長さ・短さや服装などを理由に「女っぽい」「男っぽい」などとからかう。
- 「あいつ元男なんだってよ」「あの人って女？　男？　どっちなの？」といったように、性別に関する噂話をする。
- トイレや更衣室で、典型的な女性／男性に見えない人をじろじろと見つめる。
- 陰口、いじめ、仲間はずれ。
- 身体や性器の状況を尋ねる。

- 「元男なんだから」などと言いながら身体に触る。

## 4·5 福利厚生

　内資系の大手企業でも、LGBTの従業員に福利厚生を拡充する企業が少しずつ増えてきています。法律による制度がなく、各職場の判断次第で対応可能な分野から、対応が広まっています。

◎**具体的な例**
- 結婚祝金や住居手当、会社独自の慶弔休暇や育児・介護休暇などの適用範囲を、事実婚の異性間カップルや、事実婚相当と見なした戸籍上同性パートナーにまで拡大します。適用の判断は申請ベースとし、自治体の発行する同性パートナーシップ証明書などの提出は、とくには求めません。
- トランスジェンダーの従業員が性別適合手術に必要となる休職期間に対して、健康保険組合で私傷病扱いとして、傷病手当金を支給します（医師の説明が必要）。

◎**法律に規定があり、適用が難しいと考えられる範囲**
- 健康保険の被扶養配偶者扱い
- 国民年金の第3号被保険者扱い
- 労災の遺族保証給付

# 男女雇用機会均等法に関連する指針原文

## セクシュアル・ハラスメントの防止等に関する規程

平成13年1月6日<br>
厚生労働省訓令第14号

第2条 この規程において、次の各号に掲げる用語の意義は、当該各号に定めるところによる。

(1) セクシュアル・ハラスメント

他の者を不快にさせる職場における性的な言動（性的な関心や欲求に基づく言動をいい、性別により役割を分担すべきとする意識又は性的指向若しくは性自認に関する偏見に基づく言動も含まれる。以下同じ。）及び職員が他の職員を不快にさせる職場外における性的な言動

## 事業主が職場における性的な言動に起因する問題に関して雇用管理上講ずべき措置についての指針

平成十八年十月十一日<br>
厚生労働省告示第六百十五号

2 職場におけるセクシュアルハラスメントの内容

(1) 職場におけるセクシュアルハラスメントには、職場において行われる性的な言動に対する労働者の対応により当該労働者がその労働条件につき不利益を受けるもの（以下「対価型セクシュアルハラスメント」という。）と、当該性的な言動により労働者の就業環境が害されるもの（以下「環境型セクシュアルハラスメント」という。）がある。

なお、職場におけるセクシュアルハラスメントには、同性に対するものも含まれるものである。また、被害を受けた者（以下「被害者」という。）の性的指向又は性自認にかかわらず、当該者に対する職場におけるセクシュアルハラスメントも、本指針の対象となるものである。

## Column

### 制度の利用者が少ないとき

　福利厚生に関しては「せっかく結婚祝金の制度を整えたのに、申請してくれる社員が少なくて…」という声を聞くことも少なくありません。制度設計をした側からすると残念に思わざるを得ない状況ですが、LGBTの人にとっては「数万円の結婚祝金をもらうために、職場に対してカミングアウトをするリスクを負いたくない」という事情もあることでしょう。実際に使ってもらえることは少なくても、LGBTの従業員も使える制度があるということ自体、会社の配慮があることを伝えることにはつながるはずです。制度を申請しやすいような雰囲気づくりを進めてください。

### 「制度の不正利用」への不安

　LGBTやSOGIに関して制度を改定する際、企業の人事担当者の方から聞かれる質問や不安に、「新しく制度を設けた場合、不正利用をする者が出てこないか？」というものがあります。そのなかでもよく聞かれるのは、以下のようなものです。

・結婚祝い金を、事実婚相当とみなして同性パートナー間に対しても支給することにしたら、お金欲しさに偽りの申請をする者が出てくるのではないか

・トランスジェンダーに、戸籍と異なる性別のトイレ利用を許可したら、「ただ女性トイレに入りたいだけの男性」がトランスジェンダーを名乗るのではないか（この質問については、P.92のコラムをご参照ください）

　しかし実際のところ、偽の申請をした社員には、その後の企業生活をLGBTとして過ごさなければならなくなる「リスク」が存在します。そうした「リスク」を考えた場合、偽の申請をする者はまず出てこないと言えるでしょう。不正な申請が発覚した場合には厳粛な対処をする、というスタンスで問題ありません。不正が発生する「リスク」を心配するよりは、困っている人がいないか、既存の制度がLGBTの社員にとっても公正な制度になっているかどうか、という観点を持って、制度設計をしてください。

## トイレのマークについて

　トイレに関するお問い合わせのなかでも多いものに「トイレのマークは、どのようにするべきですか?」というのがあります。「男女を問わず使えるトイレのマークはどのようなマークがよいのか」「既存の男女トイレのマークも見直したほうがよいのか」というお問い合わせもあります。

　現在もっともよく見られるトイレマークは、図1のような、女性は赤・スカートに見える三角形、男性は青・男性的とされる体型を示す逆三角形、という色とかたちの組合わせです。このピクトグラムは、1964年に開催された東京オリンピックの際につくられたもので、その後著作権が放棄されたことで、世界各地でいまも使われています。これらのマークに関しては、「女か男か、2つの選択肢しかない」「色や形で男女の性差が固定化されている」「女性がみんなスカートをはくわけではない」といった点が批判されています。しかし、「トイレのマークだという共通認識が広く共有されている」「とくに知的障害・学習障害をお持ちの方のなかには、このマークでなければトイレのマークであると認識ができない方がいる」といった経緯もあり、即座になくすことも難しい状況です。

　トランスジェンダーにも配慮し、男女を問わず使えるトイレのマークとしては、図2のような、男女半々のマークを第三の人物として加えるケースが見られます。しかし、トランスジェンダーは男女半々の存在であるというわけではありません。また、「トランスジェンダー＝第三の性」という言説を好まない方も少なくありません。そうした理由から、このマークに関しては、トランスジェンダーの人からは、あまり歓迎する声は聞かれません。

　また、LGBTの人全般が使いやすいトイレのマークとして、図3のような、レインボーカラーをあしらった人を、第三の人物として加えるケースも登場しています。「レインボーカラーがあしらわれていると、配慮してくれている気持ちがわかって嬉しい」という方もおられます。しかし「レインボーのトイレに入るところを見られてしまったら、自ずと自分がLGBTであることがバレてしまいそうで、怖くて使えない」といった声も多く聞かれます。また、図4のように、レインボーを大きくあしらい、「LGBTトイレ」と明記するケースもあります。こちらについても「バレてしまうのが怖い」という声に加えて、「LGBTは誰でもこのトイレを使わなければならないのか」「私たちはLGBT専用トイレがほしいわけではなく、誰でも使いやすいトイレが増えてほしい

## Column

だけだ」というように反発する声があります。

図5のように、いっそピクトグラムを完全になくし、「だれでもトイレ／ALL GENDER RESTROOM」といったかたちで、文字表記だけで案内をするという案も出ています。しかし、「文字だけでよいのか」「日本語と英語の二言語だけでよいのか」「『だれでもトイレ』『みんなのトイレ』『多目的トイレ』『All Gender Restroom』『Multipurpose Restroom』など、日本語も英語も統一された表現がないのではないか」といった問題や、前述したとおり、既存のトイレマークでなければトイレの場所がわからないという声もあり、単純にピクトグラムを撤廃すればよいわけではないことが、近年の議論のなかで見えてきました。

こうした経緯から、現状「本書制作チームはこのマークをオススメしています」という案を提示できません。しかし少なくとも「新しいマークをトップダウン形式でつくって掲出する」といったかたちは推奨しません。各事業所のトイレの設置状況を踏まえながら、話し合いの場を持ち、トイレのマークだけではなく、トイレの使い方のルールやマナーのコンセンサスを得ていくことが必要であろうと考えています。

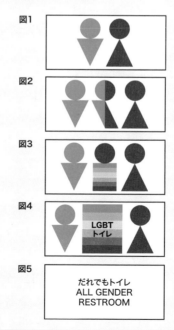

## 4·6 教育・啓発

　日本の義務教育課程では、2017年現在だけでなく、それ以前の年代においても、SOGIやLGBTについて学ぶ機会はほとんどありません。教育現場ではLGBTである児童生徒の存在の可視化が進み、学生対応の一環として学ぶ必要があると認識する教職員は増えています。しかし、SOGIやLGBTに関して教えられるだけの専門性を持つ人材がほとんどいないのが実情といえるでしょう。学ぶ機会があった人が少ない現状において、職場で実施される研修などの教育・啓発機会は非常に重要・貴重であり、かつ有用であると言えます。会社としてのメッセージを伝える機会としても活用することができます。

　また、LGBTに関する受容度や理解度は、年代や性別によって異なることが、各調査から明らかになっています。2015年に実施された学術調査（釜野さおり・石田仁・風間孝・吉仲崇・河口和也 2016『性的マイノリティについての意識―2015年全国調査報告書』科学研究費助成事業「日本におけるクィア・スタディーズの構築」研究グループ（研究代表者　広島修道大学　河口和也）編）によれば、カミングアウトを好意的に捉える・同性婚に対して肯定的な意見を持つなど、LGBTに関して受容的な態度をとるのは20〜30代の比較的若い層で、また男性よりも女性のほうが受容的であるという傾向が見られています。さらに、2017年に朝日新聞社が実施した世論調査においても、10代後半〜30代では70％以上が同性婚に賛成しているのに対して、60代では半数を切るという結果が出ています（朝日新聞社 2017「朝日新聞社世論調査　質問と回答」）。つまり、管理職世代が受容的ではない反応をするケースがあり得ることが、これらの調査から浮き彫りになっていると言ってもよいでしょう。

　しかしこの結果は「これまでにLGBTに出会った経験も学ぶ機会もなく、どうすればいいのかわからないことの裏返しである」とも言えます。データに触れる、LGBTの人から話を聞くなど、学ぶ機会さえ

4・6 教育・啓発

あれば、不安が解消され、態度が受容的なものに変化する人も多いでしょう。その意味でも、研修や教育の機会をぜひ増やしてください。

◎研　修
- 人事担当者向けのLGBT研修を最初に行い、人事から各部署に広めていく企業が多いようです。
- 役員層（失言を防ぐための対外的なリスクマネジメント）、現場の管理職（LGBTの人への対応をする実務者）、新入社員（ダイバーシティ研修）など、さまざまな階層に向けた研修も実施されています。
- LGBTに特化した研修が難しければ、人権研修や各種ハラスメント対策の研修のコンテンツの一部として盛り込むなどの工夫ができます。

### Column
### 身近な問題と実感してもらうために

虹色ダイバーシティの研修では「LGBTの人から体験話を聞きたい」というご要望をもらうことが多々あります。メイン講師は40代のレズビアンが務める場合が多いのですが、他の常勤スタッフやプロボノの力を借りて、さまざまな年代・セクシュアリティのスピーカーを補助講師とすることもあります。とくに40代以上の管理職層にとって、自身の子供世代にあたる20代のスピーカーの話は、驚くと同時に、自分や周囲の子どもの話と置き換えて納得しやすい場合も多いようです。

職場でカミングアウトして働くLGBTの人はまだ少なく、テレビの向こうの話としか思えない人も多い現場では、多様なスピーカーの話を研修で聞くのも大事です。常にその場にLGBTの人がいるかもしれないという感覚を持つためには、知識だけでなく、LGBTの人を身近に感じる機会が必要といえるでしょう。

### 用語解説

#### プロボノ

各分野の専門家が、職業上持っている知識・スキルや経験を活かして社会貢献するボランティア活動全般、またはそれに参加する専門家自身。

◎**動画コンテンツ、e-ラーニング**
- 現場レベルまで含めた全構成員への研修実施が難しい場合、動画コンテンツやe-ラーニングを制作・実施する職場もあります。
- 10～20分程度の啓発DVDを制作し、休憩所などのTVモニターで繰返し再生するケースもあります。
- e-ラーニングについては、自社制作のものを利用する職場もあれば、外部制作のものを利用する場合もあります。

## 4.7 職場内ネットワーク

　職場における女性のネットワークや子育て・介護中の社員同士のネットワークと同様に、LGBTに関する職場内ネットワークを設ける企業も、徐々に増えてきました。虹色ダイバーシティと国際基督教大ジェンダー研究センターの共同調査（2016年）によると、LGBTの人は「自分以外にも職場にいることを知っていると勤続意欲が上がる」という結果が出ています。職場で教育が進んだとしても、LGBTの人は日々さまざまなかたちでのストレスを受けています。あらたまって人事や相談窓口に相談するまでもない話なら、身近な誰かに話ができるのも大事な支援のひとつです。

　また、LGBTネットワークがあることを理由に就職・転職を希望するLGBTの人もいます。企業としての支援メッセージを伝える場としても、職場内ネットワークの存在自体が機能し得ると言えるでしょう。

　構成員をLGBTの人のみとするのか、アライも加入できるかたちにするかは、ネットワークの質を左右する大きな要素のひとつです。実際に「LGBTAネットワーク」といった名前でアライも参加できることを明示したネットワーク運営を行っている企業もあります。どちらの形式にもメリット・デメリットがあるので、職場の状況を見ながら、どちらか、または両方つくるかを決めていくとよいでしょう。部署や役職を問わず、テーマを横軸としたLGBTネットワークは、横断的な

情報共有・フィードバックの場としても機能します。そこで、参入を希望するLGBTでない人も少なくありません。アウティングを防止する手段を整えながらのネットワーク形成が重要でしょう。

また、LGBTの人がひとりで要望を出すのは難しいものですが、ネットワークのメンバーがLGBTの人を支えることで、声はあげやすくなり、また届けやすくなります。

◎ LGBTネットワークのメリット・デメリット
**【LGBTの人だけのネットワーク】**
● メリット
　・LGBTの人のみで安心してつながることができる
　・LGBTの人の声を集めやすい
● デメリット
　・加入者数が少なくなりがち
　・ネットワークへの加入が即カミングアウトにつながりかねない
※　LGBTの人同士で非公式なかたちでネットワークが形成されている場合もあります。単純な飲み会・交流の場として設定されている場合もあるので、職場の正式なネットワークに組み込むかどうかは、主催者との意見調整が必要です。

**【アライも加入できるネットワーク】**
● メリット
　・テーマに関心のある人なら誰でも入れるため、加入＝カミングアウトとはならない
　・加入者数が多くなり、活動にも幅が出しやすい。LGBTの人では遠慮して言いにくい要望も、アライの立場から主張しやすい場合がある
　・役員にスポンサーになってもらうことで、会社の施策にLGBTの声を反映させやすくなる

- ●デメリット
    - ・アライの加入者が多くなりすぎると、多くの人に知られることを恐れるLGBTの人が参入しづらくなる

◎ **ネットワークで実施すること**
- ●人事担当者からの情報発信メーリングリスト、社内イントラネット・社外SNSなどによるオンライン交流：実際に集まることが難しい職場の場合は、ネット上のやりとりのみのネットワーキングにすることもできます。社内メールを上司が閲覧できる企業で募集する際には、プライバシーの確保にとくに注意してください。
- ●ランチ会、テーマやグランドルールを設けたおしゃべり会、飲み会などの交流イベント。
    - ・LGBTをテーマにした映画上映会
    - ・LGBT研修のあとの懇談会
- ●**職場に対する要望・提言のとりまとめ**：個々人での訴えかけが難しい場合も、ネットワークが意見を吸い上げてくれる場合があります。
- ●**社外のLGBTイベントへの参加**（一般参加、ボランティア参加）：プライドパレードに家族連れでの参加を推奨する企業も増えてきました。

## Column

### RAINBOW CROSSING TOKYO の取組み

　RAINBOW CROSSING TOKYOは、就労に関わるすべてのセクターが「LGBTも自分らしく働く」ことを切り口に「誰もが自分らしく働く」ことについて考え、対話をする国内最大級のカンファレンスです。自分らしく働きたいと願うLGBTやアライの学生・就活生・求職者と、多様なバックグラウンドを持つすべての従業員にとって働きやすい職場環境をつくりたいと考える企業、そして求職者と企業を繋ぐ就労支援者、そして行政が、さまざまなコンテンツを通じた交流や、意見交換を行う場として、特定非営利活動法人ReBitが2016年から開催しています。

　このイベントの開催を通じて、就労に関わる各セクターが意見・取組みを共有することで、納得感のある職業選択や企業の受け入れ態勢強化につなげ、セクシュアリティに関わらず就業・職業選択ができる社会の実現を目指しています。

　　　　　（専用HP：http://www.lgbtcareer.org/rainbowcrossing/）
　2016年は、企業担当者・就労支援者・LGBTやアライの学生・就活生・社会人などが530人、2017年は800人が参加しました。また、2017年は、厚生労働省、一般社団法人日本経済団体連合会、日本労働組合総連合会（連合）、文京区からの後援が実現し、LGBT関連で初の政労使の三者による後援が実現したイベントともなりました。

　2回目の開催となる2017年は、LGBT・ダイバーシティ施策に積極的に取り組む企業24社が個別ブースを出展し、各企業における取組みなどを説明しました。またその場で就活生や求職者からの質問や意見も受け付け、少人数で企業とLGBTの人が相互に意見交換ができる場となりました。

　イベントは二部制となっており、第一部では、企業間・就労支援者間の交

流が行われました。企業間・就労支援者間のグッドプラクティスや情報交換を通じ、各社・各機関でのLGBTへの取組みの促進が図られました。

講演が行われる講演会場では、文京区長の開会の辞にはじまり、一般社団法人日本経済団体連合会と日本労働組合総連合会（連合）からの基調講演が続きました。また、早稲田大学と筑波大学の取組みの紹介や、LGBTの社会人によるパネルディスカッションが行われました。

また、企業ブースが展開されるブース会場では、出展企業のブースを参加者が巡り、「方針の明文化」「社内制度の整備」「採用におけるLGBTへの配慮」など、5つのテーマに沿って対話が行われました。

第二部は、企業と、LGBTやアライの学生/就活生・社会人・求職者などとの交流が行われ、LGBTやダイバーシティへの取組みをLGBTやアライの学生・就活生・社会人・求職者などに伝えることで、自身の働きについて広い視野で考える一助となりました。

講演会場では企業9社から取組みについての講演が行われ、ブース会場では企業の担当者と直接対話をする場が設けられました。また、スーツの採寸を行える場や、メークアップ講座などプロフェッショナルによる自分らしく働くスタイルを探すためのアドバイスの場が設けられました。

また交流会場では、「性別違和をもつ先輩のはなし」「同性が好きな先輩のはなし」「中小企業で働く先輩のはなし」「東京以外の地域で働く先輩のはなし」など、6つのテーマに沿って、LGBTの社会人によるトークセッションと交流が行われました。さらに、臨床心理士とキャリアカウンセラーによるQ&Aのセッションが設けられ、自分らしく働くことについてロールモデルや相談員との対話を通じ考える場となりました。

参加した企業担当者からは、「皆さんの熱意を感じました。お伺いした就職・職場での取組みを今後活かしたいです」との意見が出ました。また、トランスジェンダーの学生は、「身体上の性別で社会に出ることに抵抗がある一方で、性自認を公にして働く未来が見えていなかったが、今回のイベントに参加したことで、ありのままの自分でも働ける環境があることを知ることができ、社会に出ることに前向きになれました」とコメント。また、「LGBTについてだけでなく、業界、会社の活動も知ることができてとても有意義でした」「制度や取組みについて聞けて、働きたいと思いました」などの声もいただきました。

このような取組みを通じ、今後も性的指向や性自認にかかわらず自分らしく働ける職場の増加、社会の形成に寄与できることを願います。

第5章

# 職場での性別移行支援

Chapter 5

## 第5章 職場での性別移行支援

　本章では、トランスジェンダーの従業員の性別移行と職場の関わりを紹介します。ここまででも再三示したとおり、トランスジェンダーのあり方は多様であり、画一的な対応はできません。固定化されたマニュアルではなく、ケースごとに柔軟な対応ができるガイドラインを制定する方が望ましいでしょう。本章では、トランスジェンダーの多様性を伝えるためにも、できる限り多くの事例や当事者の声をご紹介していきます。

　昨今は、学生時代に学校でSOGIに関する対応をされた経験のある世代が就職活動を始める年齢を迎えつつあります。今後、SOGIに関する申し出は自ずと増えることが予期できます。職場での対応が期待できないと判断した方や、性別移行したことを誰にも知られたくない方などは、性別移行を始めるタイミングで離職する場合もあります。性別移行に関する支援体制を明示することは、人材流出の防止にもつながり得るのです。「自分の職場ではまだ申し出がないから、対応は考えない」のではなく、あらかじめできる準備を進めておくことをお勧めします。

---

**VOICE**

### トランスジェンダーの人々の声

- 戸籍上の性別は変更していませんが、男性として勤務しています。あくまで1人の社員として「成果を期待している」という気持ちを日頃から伝えてくださる上司ばかりなので、そういった空気感が何より嬉しいですし、仕事中は自分のセクシュアリティに関する悩みがまったく感じられなくなるほど、気にならなくなりました。

　　　　　　　　　　　　　　（20代・トランスジェンダー男性・不動産）

- 以前の職場の面接では、カミングアウトしたところすんなりと受け入れてもらえ、希望に沿って対応していただけたのが嬉しかったです。

　　　　　　　　　　　　（20代・トランスジェンダー男性・事務／飲食）

## 5·1　カミングアウトの受け止め方

　具体的な対応を求めたカミングアウトは、多くの場合、現場のマネージャーや上司が受けることになります。職場として対応する意思表示がなされている場合は、人事担当者に直接カミングアウトされることもあるでしょう。基本的な話の聞き方は、P.59を参照してください。

　カミングアウトを受ける際にまず大事なのは、相手の言うことを否定せず、要望をきちんと聞くことです。冷静に話をしてくる方もいれば、泣きながら不満や怒りをぶつけてくる方もいます。いずれにせよ、悩んだ上で相当の覚悟をもって相談してくるケースが多いため、最初の受け止めが否定的だと大きなショックにつながるでしょう。とくに、初めてカミングアウトを受けた場合、驚いてしまうかもしれません。自分にカミングアウトをしてくれたことは「職場環境を改善したいという前向きな意思表示のひとつである」と考えるとよいでしょう。

　その上で、カミングアウトの範囲（職場内で誰かにカミングアウトしているか、今後誰にならカミングアウトをしてもよいと考えているか）を確認します。LGBTの人はアウティングの危険性を常に気にかけています。人事担当者につなげる必要がある場合も、事前に理由・伝える内容・人事担当者のうちの誰に伝えることになるのかを明示し、意志を確認することが重要です。

　また、トランスジェンダーの人のことだけを考えすぎると、往々にして行き詰まることがあります。「この人の抱えた問題を解決してあげなければならない」という発想ではなく、「この職場に存在しているSOGIにまつわる困りごとを、みんなで解決していこう」といった考え方で動く方が、関わる人々もラクにモチベーションを保つことができるでしょう。

## 5·2　ニーズのヒアリング

　申し出をしてきたトランスジェンダーの人が職場でどのような対応を望んでいるのかを聞くにあたっては、ヒアリングシートを手元に用意しておくと便利です。本書制作チームによるヒアリングシートは巻末資料としてP.220に掲載されています。人事担当者や産業医は、性同一性障害の専門医ではないので、医学的な情報を事細かに把握する必要はありません。本人の現状とこれからの希望を聞き取ることを重視してください。基本的な話の聞き方は、前節同様、P.59を参照してください。

　また、ニーズはその人の状況によって変わることがあります。「当初は性別適合手術を考えていたが、手術を止めることにした」「同僚と折り合いが悪く異動を希望していたが、移行が進むにつれて周囲の受容が進み、異動する必要がなくなった」など、状況はさまざまです。数ヵ月おきにヒアリングをして、サポート体制を適宜見直していくとよいでしょう。

## 5·3　支援チームとスケジュールの策定

　性別移行にあたっては、人事担当者だけでは対応しきれないケースも少なくありません。必要に応じて、支援チームをつくるとよいでしょう。たとえば「現場での無理解からいじめが発生している」といったケースでは、現場マネージャーとの連携が不可欠です。職場によっては、人事担当者・現場の上司・産業医がチームを組んでサポートを行っている場合があります。社内ネットワーク（P.70を参照）が存在している場合は、ネットワーク構成員が精神面でのサポート役を担ってくれることもあるでしょう。

　また、性別移行のサポートにあたっては、ある程度のスケジュール策定が必要です。本人にとっても、また周囲にとっても、ある程度の

見通しが立ったほうが移行もイメージがしやすく、働きやすくなります。「来年度の人事異動のタイミングに合わせて、次の部署から希望する性別で働きたい」など、本人の希望がある場合もあるので、意思確認が必要です。とくに、性別適合手術に伴う中長期の療養休暇や時短勤務を希望された場合、交代要員を立てたり、プロジェクトの進行方法を見直す必要があります。基本的には、他の傷病による手術と同様の取扱いを考えれば大丈夫です。前述のとおり、対応途中でその人のニーズが変わる場合もあるので、柔軟に変更に応じられる関係性が構築できているとよいでしょう。

---

**Column**

### ヒアリングと性同一性障害の診断書

　本書制作チームは、「ヒアリングに際して、性同一性障害の診断書の提出を求める必要はない」と考えています。第2章でも触れたとおり、国際的にはトランスジェンダーは非病理化が進んでいる人権課題のひとつです。安易に診断書の提出を求めることは、人権侵害と捉えられることもあり、注意が必要です。

　また重要なのは「SOGIに基づく事由によって、過ごしにくくなっている従業員がいること、困りごとがあること」であり、「困っている従業員が本当に性同一性障害なのかどうかを判断すること」ではありません。困りごとがなにかをベースとして、職場環境を改善していくことを意識するようにしてください。

　ただし、性別適合手術を受ける際に傷病手当金を申請する際には、他の疾病と同様の手続きが必要となり、医師によるコメントが必須となる場合があります。制度として必要とされることに関しては、その都度きちんと理由を説明したうえで、書面の提出を求めていくとよいでしょう。

● 傷病手当金の支給をめぐる裁決例（項番2　平成21年（健）第71号）
　http://www.mhlw.go.jp/topics/bukyoku/shinsa/syakai/dl/04_02.pdf

## 5.4　希望する名前と性別の取扱い

「○○子」や「○○男」といったように、性別が判別されやすい名前を持つトランスジェンダーの人々は、見た目とのギャップに苦しめられるケースが少なくありません。戸籍名の変更はある程度ハードルが高いので「職場ではまず通称名を使用したい」という希望が出てくる場合があります。戸籍名の変更を申し立てる際、通称名の使用実績は変更にあたっての大きなサポートにもなり得ます。本人の希望を重視しながら対応を進めてください。

### ◎通称名の使用
- 対応の仕方としては、「(主に結婚した女性の) 旧姓の使用」「(主に在日外国人の) ミドルネームや通名使用」と同様だと考えればいいでしょう。
- 人事管理上、戸籍名が必要となる場合もありますが、通称名と戸籍名の紐付けがきちんとできていれば、対応可能です。
- よく通称名使用が希望されるものは、以下のとおりです (P.85を参照)。
  - ・名刺
  - ・名札、社員証
  - ・入館証
  - ・メールアドレス
  - ・表示義務のある職務上の資格掲示
  - ・社員名簿

### ◎戸籍名の変更
- 戸籍名の変更は、戸籍法107条の2に基づき、家庭裁判所への申し出を本人が行います。職場に求められる手続きはありません。
- 戸籍名が変更となった場合、婚姻に伴う改姓と同様、職場内での改

名手続きを行う必要があります。本人に確認しながら手続きを進めましょう。
- ・健康保険・厚生年金などの社会保険
- ・運転免許証などの各種資格免状に関する情報
- ・給与等振込先の銀行口座名義　など

◎**性別の取扱い**
- ●「名前を通称名に変更するタイミングに合わせて、職場での性別の取扱いも変更したい」という希望が多くあります。
- ●「改名はするが、性別の変更は希望しない」というケースもあります。「見た目と名前のギャップが解消されれば生きやすくなる。戸籍などの性別変更までは考えていない」といった要望もあり得るためです。ヒアリングのなかで希望を聞いていきましょう。
- ●健康保険証の性別記載に関しては、裏面に移すことができます。

VOICE

**トランスジェンダーの人々の声**

●戸籍上の名前で行政に提出しなければならないもの以外、会社での書類や名刺はすべて通称名を使用させてもらっています。
（20代・トランスジェンダー男性・介護）

●戸籍上の名前が男性的ではないので、本名のまま生活しています。ただ、漢字には違和感があるので、できる限りひらがな表記にして通しています。
（20代・MtXトランスジェンダー・事務）

## 5·5　戸籍の性別変更

　戸籍の性別変更は、2018年現在の日本では可能ですが、非常に厳しい要件が設定されています（P.36参照）。トランスジェンダーの人の全員が戸籍の性別変更を望むわけではありませんし、また望んでいても、要件を満たせず変更できない場合もあります。ヒアリングにあたっては、軽く考えてよい話ではないことに注意が必要です。また、P.37のコラムもご参照ください。

### 性別移行は人生全体に関わるもの

　本書は「トランスジェンダーの人が職場で性別移行をするにあたっての支援」を主眼としていますが、性別移行はもちろん、人生全般に関わるものです。職場だけではなく、家族の理解・協力が不可欠になります。これまでの同級生、地域の人たち、友人たちなど、説明を求められたり、配慮をお願いすることになる場面は多岐にわたります。

　とくに、結婚した後に性別を変えて生きることを決意した場合、戸籍上の性別変更は格段に難しくなります。離婚をしなければ性別変更はできず、未成年の子どもがいてもやはり性別変更はできません。トランスジェンダーの人は、そうした困難から心理的な負荷の高い状況に陥ってしまうことも少なくありません。職場の同僚が家族の問題などの私生活にまで介入することはできなくても、職場における性別移行だけでも、人事部門の担当者がしっかりサポートして対応してくれることは、その人にとって大きな心の支えとなり得ます。同時に「性別を問わず敬称を『さん』で統一する」など、トランスジェンダーでない人の感覚では「しなくてもよさそうなくらい、ちょっとした配慮」だとしても、当事者にとっては働きやすさに大きく影響することがあるので、しっかりとした対応が必要です。

> VOICE
>
> **トランスジェンダーの人々の声**
>
> ● 戸籍の性別変更をしたことで、書類での不便がなくなりました。また、どこかビクビクしていたことから解放されたように感じました。
>
> （20代・トランスジェンダー男性・リハビリ）
>
> ● いくつかのクリニックで性別適合手術の相談をしましたが、自分の身体の状況から手術は受けられないことがわかりました。戸籍の性別変更を望んでいますが、要件が手術を求めているため実現できていません。
>
> （50代・トランスジェンダー男性・社会支援）
>
> ● 扶養家族として親を入れたいと思いましたが、戸籍謄本の提出を求められることがわかりました。戸籍謄本には性別変更した旨が記載されており、会社には「自分が戸籍の性別を変更したトランスジェンダーだ」ということは伝えていません。わざわざ説明するのが億劫になり、扶養に入れることをあきらめました。
>
> （30代・トランスジェンダー女性・接客）

## 5・6　通院・入院への配慮

　トランスジェンダーで医学的治療を受けている場合、カウンセリングやホルモン療法に伴う定期的な通院が必要となります。性別適合手術を受ける場合は一時的な入院が伴いますし、術後の経過観察も重要です。また、専門性が高い医療を提供するジェンダークリニックはまだ多くはありません。長時間待たされる場合もあれば、居住地域によっては遠方に通わなければならず、平日の昼間に職場を抜けて受診しなければならないケースもあります。

　通院への配慮のあり方としては、糖尿病や透析など、継続的な長期療養が必要な持病への配慮と同様だと考えればよいでしょう。企業に

よっては、「トランスジェンダーは病気ではない」という理解のもと、私傷病にかかわる休暇とは異なる形態の休暇制度を策定している場合もあります。基本的には有給休暇を使っての対応となると思いますが、半日休や時間休が取りやすくなるよう、勤怠制度や業務体制を見直すと、よりよい支援体制が構築できます。とくに時間休取得制度がない場合、制度の創設は、育児や介護を担っている方の利便性・勤続可能性も向上させることができます。有給休暇を使い切ってしまった場合は、私傷病と同様の取扱いでの対応を提案するとよいでしょう。

---

**VOICE**

### トランスジェンダーの人々の声

● 診断書を得るまでに約1年がかかり、ホルモン投与も2〜3週に1度行っています。しかし、仕事との兼ね合いでなかなか行けないことも多いです。
（20代・トランスジェンダー男性・営業）

● ホルモン投与も性別適合手術も、人事部の方と話し合って進めていきます。職場の上司もそれを知っているのでとても言いやすいです。
（20代・トランスジェンダー男性・金融）

● 首都圏のジェンダークリニックに1〜2ヵ月に1度のペースで通いました。戸籍性別変更まで通うことになるため、かなりの出費でした。
（30代・トランスジェンダー男性・不動産）

● 性別適合手術に関しての制度がなく、有給で対応しなければならないことが不安です。
（20代・トランスジェンダー女性・研究職）

## 5.7 名刺・IDカード

　職場内で通称名を使用することになるタイミングで、名刺の表記も通称に統一するケースが多くあります。また、公用のメールアドレスに名前が含まれる場合は、あわせて変更が必要です。また、建物への入館証を含めたIDカード類も、同様の取扱いが望まれます。

　業務によっては、常に資格IDを携帯・掲示しなければならない職種があります。法令で戸籍名の提示が必要であるとされている資格でない限りは、通称名での（再）発行が可能です。たとえば旅客業のガイドは「外務員証」の携帯が必須ですが、戸籍上の氏名を指定する法令はなく、通称名の使用が可能です。また、外務員証の場合は国土交通省が管轄です。業務に応じて、対応する法令を調べたり、所轄の省庁への問い合わせをするとよいでしょう。

　基本的な心構えとしては、結婚に伴う改姓と同様の手続きとしてイメージするとよいでしょう。また、業態にもよりますが、従業員がつける名札は、フルネーム表記のものもあれば、姓のみの表記のもの、ニックネーム表記のものなど、形式はさまざまです。「同僚からの呼ばれ方が変わるだけでも、居心地よく働くことができる人がいる」ということを念頭に、柔軟な姿勢で対応してください。

## 5.8 人事管理システム

　人事管理システムが社会保障のシステムや税務のシステムと連携している場合、現状では戸籍上の姓名や性別を排除することは困難です。社会保障・税番号（マイナンバー）の取扱いと同等に、閲覧範囲に制限をかけるなど、プライバシーに配慮しながら姓名や性別の情報を取り扱っていく必要があります。社内システムから名刺やメールアドレスが作成される場合もありますが、その際に誤って本名などの情報が望まないかたちで流れることがないよう確認してください。

また、システムによっては「姓の変更はできても、名前の変更ができない」「通称の登録ができない」「同性パートナーを入力してもエラーになる」など、SOGIに関連する問題に対応していないケースもあります。また、グローバル対応としては、オーストラリアなど一部の国では、性別表記として「X」をパスポートに加えている場合があるため、「性別欄を男・女の2項に限定しない」「自由記述ができる備考欄を設定する」などの対応が必要となります。また、緊急連絡先の登録がある場合、続柄を「妻」「夫」「母」「父」などの戸籍上の家族だけに限らず、「同居人」「友人」「パートナー」など、さまざまな間柄の人を登録できるようにするとよいでしょう。「グローバル対応の一環として、長めのミドルネームが登録できるようにする」など、さまざまな観点を含めたシステム導入や改修が望まれます。

◎**システム導入・改修時に含まれるとよい要件**
- 名前の変更、性別の変更ができる。
- 通称の登録ができ、データの使用目的に応じて本名と使い分けができる。
- 姓名や性別の情報の閲覧範囲が必要最小限になっている。
- 配偶者に同性パートナーを指定でき、法的な関係性を入力できる(国によっては法律婚と別の法制度もあるため)。
- 緊急連絡先の続柄入力の選択肢を増やせる。
- 長めのミドルネームを登録できる。

## 5・9　制服など服装の規定

　制服の変更の申し出があった際、要望のあった社員の制服だけを変更すれば問題が解決するわけではありません。早めの個別対応は重要ですが、トランスジェンダーの従業員からの申し出や、LGBT対応を契機に、全体的なルールの見直しを考えていくようにするとよいで

しょう。

　制服を指定する場合、そもそもなぜ制服を着用する必要があるのかを、業務上の必然性と結びつけて吟味する必要があります。一般的な企業で内勤の女性にだけ制服が指定されている場合がありますが、ドレスコードの指定だけでよい場合もあります。色、型、サイズやボタンのつけ位置など、性による違いが服のデザインによって可視化されてしまうこともよくありますが、それがとくに女性の役割を軽く見せてしまうことにもつながります。「制服によって性差を可視化することが、業務上必要なのか」を見直してみましょう。

◎事　例
① 　工場の作業着
　工場では、機械への巻込み防止などの安全面や衛生上の必要性から、作業着が指定されていることも多くあります。ある企業の工場では、「性別での色分けをやめ、色を一色に統一する」「サイズ表記の女性向け・男性向けをやめ、身長と体型で細分化されたサイズ指定にする」といった工夫で対応しました。
② 　鉄道会社の駅員の制服
　鉄道の駅では、お客さまの安全上、駅員がどこにいるかをわかりやすくする必要があるため、制服が導入されています。ある鉄道会社では、トランスジェンダー男性の駅員の要望も受け、「女性の駅員は、スカートかパンツかを自由に選べるようにする」「男女で異なるデザインの帽子のうち、好きな方を選べる」といった工夫によって状況を改善しました。
③ 　事務所での内勤女性の制服
　事務所で内勤する女性社員だけにスカートの制服が指定されている企業で、「先輩方が全員着用しているとはいえ、自分は着られない」という声が新入社員からあがった、という事例がありました。このケースでは、「内勤になぜ制服が必要なのか」「なぜ女性社員だけに制服が指

定されているのか」を見直すきっかけになりました。トランスジェンダーの社員の生きにくさだけでなく、「制服のせいで女性社員が一人前に見られない」という空気を変えることにもつながる例といえるでしょう。

④　通勤服

「希望する性別の服を通勤服にしたい」という希望に対して、周囲の理解がまだ進んでいないために、許可してよいのか判断に迷う場合もあります。ある企業では、トランスジェンダー女性の社員と相談の結果、「最初は女性もののパンツスーツでの通勤から始め、周囲の反応を探りながら着る服を選んでもらう」方向で合意をえた、というケースもあります。

---

VOICE

### トランスジェンダーの人々の声

- 入社後に性別を移行しました。女子の制服から男子の制服に変更してもらい、それからはずっと男性として就労しています。
  （50代・トランスジェンダー男性・社会支援）

- 仕事を選ぶときに、なるべく「男女別の制服がない」ということを基準にしています。その中から「自分でもできる仕事」を探すので、職業選択の幅が狭くなってしまいます。
  （40代・FtXトランスジェンダー・食材卸売業）

- 制服はありますが、事情を説明すれば着用しなくて良い職場なので助かっています。
  （20代・ジェンダーノンコンフォーミング）

- 戸籍変更をしなくても望みの性で扱ってくれるので、メンズスーツを着て出勤できたときは嬉しかったです。
  （20代・トランスジェンダー男性・教育）

## 5·10 トイレ

　虹色ダイバーシティが受けるお問い合わせのなかでも、トランスジェンダーのトイレに関する相談がもっとも多いと言っても過言ではありません。虹色ダイバーシティと株式会社LIXILが2015年に実施し、2016年に発表した共同WEB調査結果では、トイレに関して困ったり、ストレスを感じているトランスジェンダーの人は64.9％にのぼっています（特定非営利活動法人虹色ダイバーシティ、株式会社LIXIL「性的マイノリティのトイレ問題に関するWEB調査結果」2016年 http://newsrelease.lixil.co.jp/news/2016/020_water_0408_01.html)。

◎**職場や学校のトイレ利用で困る・ストレスを感じる理由**
- 周囲の視線が気になる（72.2％）。
- だれでもトイレ（多機能トイレ・多目的トイレ）利用時に、障害者や高齢者、子連れの方と遭遇すると気まずい（56.0％）。
- 他の利用者から注意されたり、痴漢と思われないか不安（44.7％）。

（調査結果より引用）

　また、膀胱炎や下痢、便秘、尿漏れなどの排泄障害を経験している人は21.8％にのぼることもわかりました。自由記述欄からは、「職場のトイレが男女分けされたものしかないため利用しにくく我慢していたが、上司の前で失禁してしまった」といった声も聞かれています。「トイレは社会生活のうえで必須のものであり、また、使えない・使いにくいという事態が、個々人の尊厳や健康にも関わる重大な問題を引き起こすものなのだ」という認識を持つことが必要です。

　トランスジェンダーの人の間でも、どういったトイレを使いたいと思っているか、また実際どのトイレを使っているかは、さまざまな意見・状況があります。

◎どのトイレを使っているか、使いたいと思っているかの代表的な例
- 性自認に沿ったトイレを使いたい。
- 性別を問わず使える共用トイレを使いたい。
- 自分は戸籍性のトイレで構わない。
- 職場のビルで違うフロアに行き、目立たずに済むトイレを使っている。
- 職場のトイレは使いたくないので、近所のコンビニのトイレを使っている。
- トイレはできる限り我慢している。

　また、「性別を問わず使えるトイレが多機能トイレしかないが、自分は身体障害があるわけではないので、使うことに気がひけるし、車イスの方から怒られたことがある」といった経験を持っている方もいます。一概に「多機能トイレの表記を『だれでもトイレ』に変えて、トランスジェンダーの人にはそこを使ってもらえば問題が解決する」というものではないことの認識が重要です。

　一方で、現実的なハード面での対応としては、「現状性別を問わず使えるようになっている多機能トイレの表記を『だれでもトイレ』などに変える」「新しい建物を設計するときには、性別を問わず使える共用トイレをなるべく設ける」といった方針を取ることになるでしょう。同時に、ハードだけではなく「自身が使いたいトイレを、使いたいときに使える権利は、トランスジェンダーの人・そうでない人の双方にある」というコンセプトを当たり前のこととする、教育・普及啓発も同時に行っていくべきでしょう。

　トイレに関しては、メーカーへのインタビューをP.155〜168に掲載しているので、そちらも参照してください。

> **VOICE**
>
> **トランスジェンダーの人々の声**
>
> ●見た目が男性に近いと言う理由で男性用トイレを使用します。女性用トイレを使用しようとし、注意を受けたことが何度もあったためです。
>
> （30代・FtMよりのFtX・IT）
>
> ●私がトランスジェンダーであることは管理職だけが知っている状態で、周りの同僚には知られずに男性社員として働いています。毎回個室に入ることを不思議がられるのではと思うと、トイレは行きにくく、我慢していることが多いです。
>
> （20代・トランスジェンダー男性・公務員）
>
> ●どの施設でも必ず、だれでも入りやすい「みんなのトイレ」をひとつでもいいから設置してほしいです。周囲にカミングアウトをしておらず女性として生活をしていた頃は、20時間以上トイレに入れず我慢し続けたこともあって、身体的に辛かったです。
>
> （20代・トランスジェンダー男性・LGBT支援）

**注意！** 2017年現在の法令では、厚生労働省の定める労働安全衛生規則第628条「便所」において、事業者はトイレを「男性用と女性用に区別」して設置することが求められています。そのため、職場に共用トイレだけを設置した場合、当該規則に反してしまうことが考えられます。

労働安全衛生規則は昭和47年（1972年）に制定されたもので、トイレの男女区別を求めること自体は、男女雇用機会均等法に先立つかたちで、女性も働きやすい職場環境を目指したものであるとは考えられます。しかしながら、平成28年（2016年）11月30日の改正でも「便所」の項目は変えられていません。さまざまな議論を踏まえたうえでの改正が必要とされているのではないでしょうか。

## 「トイレ問題」に揺れる社会

　トランスジェンダー女性が女子トイレを使うことに反対する声があります。代表的な意見としては、① 手術後に性別を変更しているならまだしも、戸籍も男性のまま、手術もしていないというのでは、女性がトイレを使うことに不安を感じることになる、② 戸籍上の性別が男性のままでも女子トイレを使用できるようにしたら、トランスジェンダーではない男性によるいたずらやハラスメント・性犯罪が増えるのではないか、③ 戸籍上の性別が変わっていないのに女子トイレを使わせろというのであれば、共有する全員の女子・女性たちの了解をとるべきだ、などの声があります。

　日本では、女性がストレスなく安心して通勤できるように「女性専用車両」をつくり、それが多くの女性に支持されているという現状がありますから、こうした意見をもっともだという人も多いかもしれません。しかし、こうした痴漢・性犯罪予防と、トランスジェンダーの性自認に基づくトイレ使用問題を同列で語ることは、あまりにも乱暴です。トランスジェンダーのトイレ使用が議論される以前からこうした問題が存在しているのであり、公共の場で女性たちが不安全を感じなければならないような社会環境は断固として変えていかなければなりません。

　トイレのみならず、更衣室や宿泊施設からの排除問題に直面しているのは、トランスジェンダー女性だけではありません。かつて、同性愛に関する権利擁護団体アカーが「同性愛者である」ことを理由に公共の宿泊施設の利用を断られるという事件が起こり、6年にも及ぶ裁判に発展しました。「府中青年の家事件」として知られるこの裁判では、施設利用を断った東京都（被告）側が「宿泊については男女別室がルールである」ことや「都民のコンセンサスが得られていない」ことを理由に挙げましたが、原告（アカー）の全面勝訴となりました。同性愛者だから宿泊時に公共施設に不適切な行為をするだろうといったまなざしや、公権力を行使する立場にある者の無知・無関心が批判されたのです。トランスジェンダーのトイレ・更衣室・宿泊施設問題についても、同じことが言えるのではないでしょうか。

　さらに踏み込んで言えば、私たちにはヘイトや差別に関する歴史的教訓があります。「周囲の理解・周囲への配慮」を最優先していたのでは人種隔離政策は撤廃されなかったでしょうし、特定の民族や人種に対するヘイト（憎悪）を克服することもできません。実際、根強い黒人差別問題に悩む米国では、トランスジェンダーをめぐるトイレ・更衣室問題も社会問題化し、「男女別のトイレ利用は出生時の性器によって規定される」という法律を通した州もあります。これについてオバマ政権は「市民権」を根拠に、誰もが性自認に基づいて施設が利用できるようにすべきであるという政府方針を発表しました（しかしトランプ政権ではこの政府方針は撤廃されました）。立場が違えば方針も違ってきます。日本はどんな未来を築いていくのでしょうか。

> 対応について協議する際には、次のポイントを意識してください。
> ① 戸籍上の性別は、トランスジェンダー当事者の性自認のありようとは無関係です。日常に何度も使用するトイレや更衣室が、生活上の性別と一致していないことがどれだけのストレスを生むかを想像する必要があります。
> ② トランスジェンダー女性が男性トイレを使うことで、ハラスメントや性暴力にさらされる危険があります。
> 「周囲の理解・周囲への配慮」も大事なことですが、「ダイバーシティ＆インクルージョン」の理念を推進していく中では、従来の馴染みある風景も変わっていきます。さまざまに異なる存在が共生・共存していくためには、文化や社会的環境、そして人間の認識や態度が変わることも要請されるのです。

## 5・11 更衣室・浴室・シャワールーム

　トイレに次いで多いのが、更衣室や浴室の利用に関する質問です。職場に設置されている場合、ほとんどの更衣室や浴室・シャワールームは性別によって分けられています。裸になることも少なくないため、トランスジェンダーの人々はとくに「他人に身体を見られたくない」という思いを抱えがちです。また、アライの人の中にも「自認する性別を受け入れたいが、身体的には異性の状態である人と並んで更衣室を使うことは難しい」と考える人もいます。こうした中で、以下のような対応事例があります。実は、更衣室・浴室・シャワールームの共有については、トランスジェンダーでなくても、いろいろな理由で「人前で裸になるのがイヤだ」という人はいるものです。以下のような対応事例は、そうした人々にとっても役立つものになります。

◎事　例
- 個室の更衣室を設ける（余った会議室、倉庫などを改装する）
- 通常の男女分けされた更衣室のなかに、カーテンで仕切られた着替えスペースをいくつか設ける
- 大きめのトイレの個室に着替え台を設ける
- （ロッカー）着替えは行われず、荷物を置くだけに使われているこ

## トランスジェンダーの人々の声

- 男性用の更衣室を使っていますが、全裸になることができません。困っており、使うかどうか悩むことが多いです。

    （20代・FtXトランスジェンダー・飲食業）

- 職場でカミングアウトしています。着替えのタイミングをずらして、希望する性別の更衣室を使わせてもらっています。

    （30代・トランスジェンダー女性・研究職）

- 職場でカミングアウトをしていないので、女子更衣室を使うのがとにかく苦痛でした。自身の身体を見られることも苦痛だし、他の人に対しても「すみません」という気持ちでいっぱいでした。

    （40代・トランスジェンダー男性・福祉支援業）

### 同性パートナーのさまざまなかたち

同性間のパートナーシップは、レズビアン同士のカップル、ゲイ同士のカップルだけではありません。トランスジェンダーの人の中には、「戸籍上は異性同士で結婚をしているが、自認する性別は同性であるため、自分たちとしては『同性カップル』と考えている」という方もいます。また、「戸籍上の性別変更に伴い、やむなく離婚をしたが、パートナー関係は続いており、『同性カップル』として事実婚のような状態で同居を続けている」という人もおられます。たとえば後者のようなカップルを、「離婚」とみなして家族寮から退去させるといったことがないようにするという意味でも、事実婚や同性パートナーの入居を認める必要があるのではないでしょうか。

とがわかったので、ロッカールームの性別分けを撤廃した
- （シャワールーム）扉つきのシャワーブースを設ける
- （シャワールーム）シャワーの扉の前に不透明な浴室用カーテンをつけ、シャワーを浴びている姿が外から見えないようにした
- （共同浴場）使用する時間帯を分ける

「身体に傷や手術痕がある」「身体にコンプレックスがある」「単純に恥ずかしい」などの理由から、他の人の前で着替えたり裸になりたくない人は、トランスジェンダーであるかないかを問わず、一定数存在します。上記の事例のいくつかは、そうした人たちのニーズも同時に叶えるものであると言えるでしょう。

## 5・12　寮・社宅、仮眠室、宿泊行事

　寮や社宅に関しては「男性社員だけに用意されている」という職場もあります。その場合、男女差がある理由や合理性の有無を検証する必要もあります。また、女性社員に提供されていても、男子寮・女子寮のような性別分けで運用されている場合もあります。この機会に「借り上げマンションに希望する従業員が入居できるようにする」といった方策の検討も必要でしょう。また、同居人も入居できる場合、対象者を婚姻関係にあるパートナーだけに限らず、事実婚や同性パートナーの入居も認められると、従業員の多様性により対応できるようになります。他方で、トランスジェンダーやレズビアン・ゲイ・バイセクシュアルの人々に限らず、共同生活に抵抗がある人もいます。寮や社宅への入居を強制しない体制も必要でしょう。

　さらに、夜勤や三交代制の職場に仮眠室があっても、男性従業員向けしか設けられていない場合があります。「仮眠室を使わなくてすむように業務を標準化する」「パーティションやリクライニングチェアを導入し、雑魚寝状態を解消する」など、さまざまな利用者にもヒアリングをしながら、妥当な解決策を探していくとよいでしょう。

## トランスジェンダーの人々の声

- 新人研修合宿の際に、あらかじめ合宿先の施設へ情報共有してくださっていました。私の場合は純粋に嬉しかったですが、合宿先に共有することは事前に相談されていなかったため、人によってはアウティングされたと感じたかもしれません。　　　　（20代・トランスジェンダー男性・不動産）

- もっとも苦労したのはお風呂です。「生理だから」などと体調のせいにして内風呂をなるべく使わせてもらっていました。宿泊は憂鬱でしかないイメージです。　　　　　　　　　　（20代・FtXトランスジェンダー・飲食）

- 合宿研修では大浴場しかなく、自分の裸を見られたくなかったので本当に辛かったです。自分のことなんて誰も気にかけていないのはわかっていても、裸を見られた人と今後も一緒に仕事していくのが耐えられませんでした。　　　　　　　　　　（40代・FtXトランスジェンダー・食材卸売業）

- 社員旅行で温泉へ行くのが恒例行事になっています。新入社員が幹事を務めることになっていて、避けられません。今は職場の人にカミングアウトせずに男性として勤務していますが、温泉旅行を通してカミングアウトは避けられないであろうと覚悟しています。
　　　　　　　　　　　　　　（20代・トランスジェンダー男性・財務）

- 研修などで相部屋になる場合は、相手を事前に選ぶことができます。また、会社の制度で医療上の都合があれば1人部屋を希望することもできるので、それほど困ってはいません。しかし、そうした対応を希望する場合、研修の運営側にいちいちカミングアウトする必要があるので、そこはイヤだなと感じています。　　　　（30代・トランスジェンダー男性・IT）

- 男性は寮に入る決まりですが、特別な配慮でマンションを借り上げてもらっています。同期から妬まれることもありません。
　　　　　　　　　　　　　　（20代・トランスジェンダー男性・金融）

- 寮や社宅に入らない会社を選んでいます。仕事で宿泊を伴う場合には1人部屋を希望しています。　　（20代・MtXトランスジェンダー・通信事業）

## 5・13　健康診断・ストレスチェック

　自治体やクリニックが実施している健康診断では、男女分けされることなく実施される場合もあります。事業所内では、性別で場所や日程を分けている場合もありますが、プライバシーがきちんと確保できる体制を整えれば、性別分けをしないことも十分に可能です。どうしても性別分けが必要な場合は、「個別受診を希望する場合は、担当者まで問い合わせてください」といった案内を出し、個々人で受けられる体制があることを伝えるようにするとよいでしょう（P.57で紹介した事例も参照のこと）。また、ホルモン治療をしている場合は、各種計測値の読み方も変わってくるため、確認が必要です。本人に主治医と相談してもらうことも必要でしょう。

> **Column**
>
> ### 医療を受診することのハードル
>
> 　トランスジェンダーの人にとって、病院はハードルの高い施設のひとつです。医療とつながることのハードルが根本的に高いことを理解しておく必要があります。
> - とくに性別移行中は、保険証の名前と性別が「不一致」と思われがちで、受付でフルネームで名前を呼ばれることにも苦痛が伴う
> - 入院の際の大部屋は性別によって分けられていたり、寝間着なども男女で色分けがされていたりする。個室を希望すると追加の料金が必要となる場合もある
> - とくにトランスジェンダー男性の場合、乳がんや子宮がんなど、自分の身体の女性的な部分を意識せざるを得ない疾患に向き合うことが難しい
>
> 　こうした背景を理解したうえで、事業所外での健康診断を勧める場合には、性別を問わず受けやすい機関を選定する、個別で相談があった場合は指定医以外での受診を許可するなどの心遣いがあるとよいでしょう。

## トランスジェンダーの人々の声

- ホルモン注射だけを受けていた時期は、見た目は男性でありながら戸籍は女性なので、女性として健康診断を受けざるを得ませんでした。健康診断に向かうとき、周囲の目が気になりました。

  （20代・トランスジェンダー男性・LGBT支援）

- 健康診断が男女分けされていたのがきつかったです。とくにX線の検査・心電図の検査の際には、上半身ほぼ裸の状態であり、その姿を同期に見られるのが苦痛でした。

  （20代・FtXトランスジェンダー・製造業）

- 同期の新入社員にカミングアウトしていない状態で健康診断に行きました。自社施設で行うので、新入社員はまとめて向かい、施設内部の様子もわからなかったのでかなり不安でした。人事の方も施設と連絡を取っていろいろ提案してくれましたが、それでもやはり不安でした。性別が記載された紙を渡されたり、上半身裸になる場面があったりと、行ってみないとわからないところが多々ありました。しかし、人事と施設が連絡取ってくれてたおかげで、配慮があって助かりました。

  （20代・トランスジェンダー男性・財務）

- 毎年、事前に個人的に頼み、時間外に個別対応してもらっています。毎年のことなので病院側も慣れてくれたけれど、「FtMだから乳がん検診と子宮がん検診はしたくないだろう」と変に気をつかわれ、こちらが申し出す前に、勝手に婦人科系の診察はキャンセルになっていました。FtMでも婦人科検診をしたい人もいるでしょうから、勝手に配慮されてしまうと逆に言い出しにくいこともあるでしょう。

  （30代・トランスジェンダー男性・ウェブデザイナー）

- 各自で病院に行って受診する形式だったので、あまり気にせずにすみました。

  （40代・トランスジェンダー男性・福祉支援）

また、2015年12月から職場におけるストレスチェックが義務化されました。LGBTは職場でストレスをかかえがちだと想定されますが、まだ研究は進んでいません。面談を担当する産業医や外部機関へのLGBT研修が必要でしょう。また、各種相談窓口でLGBTやSOGIに関する相談も受けられることを明示することも大切です。

## 5·14　人事異動

　トランスジェンダーの人が異動するタイミングについてどう考えているかはさまざまです。「性別を移行しても、これまでの経験や人脈を活かして現状の部署で働き続けたい」という人もいれば、「性別移行がひと段落したタイミングで、以前の自分のことを知る人がまったくいない部署に移りたい」という人もいます。本人の希望を聞きながら、今後の人事配置を考えていくとよいでしょう。

　残念ながら、トランスジェンダーであることを申し出た結果、当人の意に沿わない異動を迫られたケースも存在します。たとえば「人前に出すことができない」という勝手な判断のもと、接客担当からバックヤードに強制的に異動させられた、というようなケースです。くり返しになりますが、性別を移行したとしても、その人の仕事の能力やこれまでに培った経験に変わりはありません。異動のみならず、フェアな人事評価が期待されます。

　一方、世界には、LGBTであることを理由に罰する法律を有する国があります。同性間での性行為を罰する国もあれば、トランスジェンダーの異性装を罰する国もあり、両者は必ずしも一致しません。基本的に、企業は雇用条件において、社員の配属を決定する権限を持っています。しかし同時に、労働安全衛生法上、従業員の身体の安全を守る義務があります。地域や国によっては、社員の属性によって、身体の安全を守れないおそれがあることに留意しなければなりません。人事担当者は社員を派遣する際の情報として、どの国でなにが処罰の

対象となっているかを把握しておく必要があります。国際的人権団体であるILGA（International Lesbian, Gay, Bisexual, Trans and Intersex Association、国際レズビアン・ゲイ協会　http://ilga.org）が定期的に更新している世界地図を参考にしてください。

また、治療を受けているトランスジェンダーの社員を中長期間にわたって派遣する場合は、医療を継続して受けられるかどうかも重要なポイントです。派遣途中でも日本に一時帰国することが可能なビザかどうかも確認が必要でしょう。さらに、国外の場合はもちろんのこと、

---

**Column**

### 女性の就業が制限される業務

　労働基準法に基づき定められた「女性労働基準規則」（いわゆる「女性則」）では、女性の就業が制限されている仕事があります。制限の理由としては、男女の筋力差への配慮と、母性保護・母子保護への配慮が挙げられており、戸籍の性別に沿うことが原則となっています。また、性別による労働に関連する法規制としては、生理休暇（労働基準法 第68条）も挙げられるでしょう。いずれの場合も、男性より女性のほうが規制が強く、また「妊娠できる可能性がある身体かどうか」が大きな基準となっていることが見受けられます。

　この分野に関する法律の解釈はまだ蓄積が少なく、適切な先例を紹介することができませんが、性自認に合わせた取扱いができるよう、本人と協議をしながら対応を考えていくことが望まれるといえるでしょう。

■法令等データベース　第5編労働基準　第1章　労働基準　女性労働基準規則（昭和61年01月27日労働省令第3号）
http://wwwhourei.mhlw.go.jp/hourei/html/hourei/contents.html

■黒崎靖嘉、垣内紀亮、喜多村紘子、長谷川将之、安藤肇、野澤弘樹、大神明［産業医科大学産業生態科学研究所 作業関連疾患予防学研究室］「性別違和（性同一性障害）の職域での対応における問題点の整理と提言」2014年
https://sites.google.com/site/oh963ch/journal/jsoh20140926

国内であっても地方ではジェンダー・クリニックの数が不足している場合もあり、配慮が必要です。本人と確認・相談のうえ、配属先を決定することが望ましいでしょう。

◎**事　例**
- トランスジェンダー男性を海外派遣する際、当初予定していた国に厳しい法律があることが判明したため、本人とも相談し、各国の事業所に現地情報の収集の依頼をした結果、比較的トランスジェンダーに寛容であると思われる国へ派遣先を変えることになりました。

## 5・15　資格の取扱い

　名前の変更がある場合、資格に登録されている名前も変更する必要がある場合があります。変更のタイミングも、通称名の使用を開始したときなのか、戸籍の名前変更が行われたときなのか、確認が必要です。資格の免状に性別欄が入っている場合もありますが、社内資格でとくに必要のない場合は、性別欄をなくしてしまってもよいでしょう。

## 5・16　社内の啓発

　トランスジェンダーの人が性別移行後も居心地良く働くためには、制度の設計だけでなく、周りの同僚や上司のサポートが必須です。職場における理解者を増やすためにもP.68も参照に、SOGIやLGBTに関する知識を学ぶ機会を設けてください。

◎**具体的にすぐ始められること**
- 6色レインボーのシールやフラッグを掲示する。
- SOGIやLGBTに関するパンフレットや啓発ポスターを設置する。

- 人の性に関わる事項を噂やネタにしないようにする。見かけた際には職場のリーダーが率先して注意する。
- 敬称を「〇〇さん」に統一する。女性は「さん」「ちゃん」、男性は「君」と呼び分けたり、「女性のみ名前で呼ぶ」などの差をつけることをやめる。
- 二人称に気をつけ、「彼女」「彼」を使わないようにする。

## 5・17　お客さま対応

　トランスジェンダーの人は、従業員だけではなくお客さまのなかにももちろんいます。社内制度の見直しと同時に、お客さま対応のあり方も見直しをしていくとよいでしょう。

◎事　例
- 顧客登録データベースを改定し、不要な性別欄を撤廃した。
- イベントでの子ども向け景品が「女の子用」「男の子用」に分けられていたのをひとつに統一した。
- 「奥さま」「旦那さま」「お坊ちゃん」「お嬢ちゃん」などの呼び方を、「パートナーの方」「ご家族」「お子さま」など、性別を問わないものに統一した。
- 広告で使われているイメージ写真を、典型的な男女カップル像や家族像ではないものに差し替えた。
- 野外イベントの仮設トイレに、性別を問わず使えるトイレを用意した。

## 5·18　対外的な理解促進

　従業員のダイバーシティ推進は、企業イメージの向上にもつながります。その結果、顧客のダイバーシティ対応への期待も増します。自社の従業員だけでなく、テナント、お客さま、取引先にも理解を促す必要があるでしょう。

◎事　例
- 実際のお客さま対応窓口となる代理店や法人顧客に、LGBTに関するリーフレットを配布し、認知を進めた。
- 営業担当者が客先から、トランスジェンダーであることを理由に出入り禁止となった。本人の営業担当者としての能力にはまったく問題がないことを重々確認のうえ、一般的な相性の範疇と考え、担当者を変更した。当該社員は継続して営業を担当している。

## トランスジェンダーの人々の声

- 通常の業務範囲ではとくに伝えません。「社内のLGBTグループで活動している」という観点からお客さま・取引先の企業さまになにか益になることがあれば、別途セミナーなどを企画させていただくこともあるとは思います。

    （30代・トランスジェンダー男性・IT）

- 取引先は理解がないので、トランスジェンダーであることは明かさず、男性で通しています。

    （20代・トランスジェンダー男性・医療）

- 今のところ男性で通していますが、顧客の中にはときどき疑問を抱く人もいないわけではありません（見かけから女性に見えなくもない場合があるため）。そのことが会社に迷惑をかけていないかと心配になるときもあります。

    （50代・トランスジェンダー男性・教育）

- 顧客・取引先ともに英語で話す方々なので、同僚が自分に対して「he」と使用した時点で男性だと思ってもらえる。そのため、とくに問題が起きたことはありません。

    （20代・トランスジェンダー男性・IT）

- お客さまに「オカマ」と言われたことがあり、傷つきました。

    （30代・トランスジェンダー女性・接客業）

- お客さまに対してもカミングアウトをしています。ハラスメントを受けたりということはまったくなく、望む性として扱ってもらっています。

    （20代・トランスジェンダー男性・介護）

# 第6章

# LGBTにも公正な採用

Chapter 6

## 第6章 LGBTにも公正な採用

　LGBTは求職者のなかにも当然存在しています。ここまでも本書で繰り返してきたとおり、LGBTであることと職業上の能力には関係がありません。しかし、特定非営利活動法人虹色ダイバーシティと国際基督教大学ジェンダー研究センターによる調査（2015年）では、トランスジェンダーでは70％、レズビアン・ゲイ・バイセクシュアルでは44％の回答者が、「求職時にセクシュアリティに由来した困難を感じたことがある」と答えています。公正な採用を行うためには、LGBTやSOGIの観点からの改善が不可欠です。また同調査では、「トランスジェンダーの87％、レズビアン・ゲイ・バイセクシュアルの77％が、職場におけるLGBTへの理解や配慮の有無が職業選択に影響をもつ」と答えています。より幅広い層からの多様な人材登用を考えた場合、やはり、LGBTやSOGIに関するスタンスを明示する必要があるといえます。本章では、とくにトランスジェンダーの人々の声を中心に、採用に関わる事例をご紹介します。

---

**VOICE**

**トランスジェンダーの人々の声　　求職活動中の嬉しかった経験**

- 就活時「特別扱いはできないけど、特別視もしないよ」と言ってもらえたことが嬉しかったです。トランス云々よりも、1人の人間として扱ってもらったのだと感じます。

（20代・トランスジェンダー男性・不動産）

- 就活は自分のセクシュアリティが不利になるんじゃないかとひたすら不安でした。実際不利になったこともありますが、それよりも心理的な負担の辛さの方が圧倒的に大きかったように思います。実際、突撃してみないと何もわからないのが現状ですから、リスクを抱えてトライするしかありません。理解してくれそうだった企業の実情が伴っていなかったこともありましたが、何も示していなかった企業ががんばって寄り添ってくれたこともありました。

（20代・トランスジェンダー男性・財務）

## 6・1　求職時のカミングアウト

　すべてのトランスジェンダーの人が求職活動中にカミングアウトをするわけではありません。しかし、さまざまな理由や事情から、書類や面接を通してカミングアウトする方ももちろんいます。面接においてはまず、カミングアウトの有無に関係なく、「この場には必ずLGBTの求職者がいる」「応募してくる方の20人に1人はLGBTの人がいて当然である」という意識を持つようにするとよいでしょう。

### ◎求職時にカミングアウトをする動機の例
- 書類や見た目からトランスジェンダーだとわかってしまうため

　ある個人がLGBTであるかどうかは、見た目からは判断できないことも多いものです。しかしトランスジェンダーの人々の場合、「戸籍や住民票上の性別と、見た目の性別が異なる」「面接官の目からは、見た目の性別とは異なる性別のスーツを着用しているように見えてしまう」など、トランスジェンダーであることがわかってしまうことがあり、カミングアウトをせざるを得ない場合があります。

- 職場の対応や、働く上での安全性を知りたいため

　差別禁止規定や福利厚生制度に関して、LGBTにも対応した制度が用意されているかをたずねる際、カミングアウトを伴う場合があります。

- 自身の強みや志望動機をきちんと伝えたいため

　これまでに関わってきたサークル活動やボランティア活動、学生時代の研究内容、企業の志望動機などに、当人がLGBTであることが関連している場合があります。

- 通院など、治療に関する配慮が必要なため

　とくに転勤が伴う企業の場合、通院が続けられる土地に配属されるかどうかは重要なポイントになります。また、就業後しばらくしてから性別適合手術を受ける計画を立てている方にとっては、休暇制度や

人事異動に関するサポートの有無は、大きな関心事のひとつであるといえるでしょう。

## 6・2　トランスジェンダーの求職者が困りやすいこと

　採用に関する説明会や書類では、男女で分けられる機会や、性別の記入を求められる機会が多々見られます。とくに新卒一括採用の場面では、多くのトランスジェンダーの人が困難に直面しています。

### ◎リクルートスーツ

　リクルートスーツは明確に男女分けされており、望む性別の服が着られない場合、説明会や面接への参加が難しくなります。また、Xジェンダーの方の場合、「自分が望む服装は、女性用スーツでも男性用スーツでもないため、着られるスーツがそもそもない」といった困難もあるそうです。

・考えられる企業側の対応：説明会や面接での服装について、「望む性別のスーツの着用が可能である」「ビジネスカジュアルや私服でよく、服装の性別も問わない」などの基準を明示します。

### ◎エントリーシートや履歴書の性別欄

　エントリーシートや履歴書の性別欄が「男・女」の選択式となっていると、記入が難しい場合があります。

　また、戸籍上の性別を変更しておらず、面接でもカミングアウトをしていない場合、内定決定後に提出する住民票から性別の相違がわかることになります。そのことを理由に内定を取り消された事例は残念ながら多々あり、当事者間では情報共有もされているため、性別を記入する必要性は大きなプレッシャーとなっているのが現状です。

・考えられる企業側の対応：エントリーシートの男女欄を必須項目でなくしたり、性別欄を選択式ではなく自由記入式にするなどが考え

られます。また、書類の諸注意事項などに「性自認に沿った性別を記入してよい」「戸籍や住民票の性別と望む性別が違い、配慮が必要な場合には、申し出に基づいた対応が可能である」「採用に際して、SOGIに基づく不公正な取り扱いはしない」といった記述を明示します。

### ◎説明会や集団面接

企業によっては、説明会の日程が女性と男性で分けられている場合があります。説明会や集団面接で行われるグループワークのメンバーが性別で分けられたり、「男女半々」と性別を基準に人数調整が行われることも、トランスジェンダーの人々が困難を覚える事例です。また、フルネームの名札やネームプレートの使用を求められた場合、名前からトランスジェンダーであることがわかってしまうことがあります。

・考えられる企業側の対応：女性と男性で説明会日程を分けない、グループワークなどのメンバー選定基準を性別にしない（苗字、エントリー番号、席順など）、名札やネームプレートの表記を苗字のみにする、要望に応じて通称名の使用を認めるなどの対応があります。

---

**Column**

**履歴書における性別欄の「必要性」**

厚生労働省の定める女性活躍推進法において、国・地方公共団体、301人以上の大企業は、自社の女性活躍に関する情報公開を行うことが義務づけられており、構成員の男女比を提出しなければなりません。また、そのなかでは「求職者の男女比も出さなければならない」とされています。ただし、戸籍上の性別とは明文化されておらず、本書執筆チームによる厚生労働省への問い合わせでは「本人の申告する性別で構わない」という回答も得ています。「性別を聞く場合には自認する性別で構わない旨を記す」といった対応でよいでしょう。

## 第6章 LGBTにも公正な採用

**VOICE**

**トランスジェンダーの人々の声　　求職活動中の苦労や工夫**

- 就活で感じた最初の「壁」は、リクルートスーツと「あるべき就活生像」についてでした。男女で服装や髪型、マナーまでも分かれており、就活生は一般社会より強いジェンダー規範でくくられているように感じました。企業によっては、男女で説明会日程を分けていたり、男女での実質の仕事内容や昇進の仕方が違ったりします。また、エントリーシートの性別欄も、トランスジェンダーは困ってしまいます。就活の入り口で見える景色があまりにも男女で分かれており、それに当てはまらない人が排除されてしまうので、トランスジェンダーの就活生は就活の入り口にも立てないのです。

　（20代・FtXトランスジェンダー）

- 日本企業では、JIS規格の履歴書には必ず性別欄があるので、あえて記入忘れしたように持参します。そのたびにいつも、何とかならないかともやもやしています。

　（30代・トランスジェンダー男性・IT）

- 戸籍性別変更したとしても、履歴書に女子高出身ということを書かなければならないので、もし戸籍の性別を変更したとしても、完全に埋没させることはできないと思っています。

　（40代・FtXトランスジェンダー・食材卸売業）

- 求職時に服装で減点されるのではないかと心配し、ハイヒールを履くなどしていました。

　（20代・トランスジェンダー男性・事務/飲食）

## Column

### 「就職活動までに性別を変えたい」という声

　トランスジェンダーの学生とお話をする際によく聞くのが、「就職活動が始まるまでに戸籍の性別を変えたい」という声です。その背景には「戸籍の性別を早く変えたい」「就職を契機に、望んだ性別で生活したい」といった気持ちがあります。しかしそれらと同時に、「就職活動で嘘をつきたくない」「履歴書の性別欄に、戸籍の性別を、性自認の性別と一致するかたちで書きたい」「『戸籍の性別とは異なる性別で就職活動を進めていたところ、内定を取り消された』という事例を聞いたことがあり、不安」といった、就職活動への切迫感や恐怖心が聞かれることも、少なくありません。

　性別適合手術と戸籍の性別変更は成人にならなければできないため、とくに大学生の新卒一括採用に向けた就職活動を控えた若者にとっては、かなりのスピード感で手術や諸手続きを済ませる必要が生じます。また、ここまで本書でも繰り返しているとおり、戸籍の性別は希望した方全員ができるわけではありません。また、Xジェンダーの方のように「男女どちらかに自分の性別を決められない/決めていない」という方もいます。就業意欲があったとしても、「女性か男性、どちらかであること」を求めるように見えてしまう就職活動が、大きな障壁となってしまう場合があるのです。

　また、「就職活動が始まるまでに戸籍の性別を変えたい」と語る学生のなかには、こちらから聞かない限り「どんな職業に就き、どんな仕事をしたいか」という将来の希望を語ってくれることがない人もいます。トランスジェンダーの学生も活き活きとした学生生活を送り、職業選択の自由を享受できる社会環境をつくるためには、採用においてSOGIに関して公平な取り扱いをする企業が増えることも、重要な要素であると考えずにはいられません。

　LGBTの就活生の声は、NPO法人ReBitが運営するウェブサイト「LGBT就活」もご覧ください。
http://www.lgbtcareer.org

第6章 LGBTにも公正な採用

## 6·3　人事担当者・面接担当者向けチェックリスト

──┤ チェックリスト ├──

- ☐ LGBT（性的マイノリティ）は全人口に対して3〜10%存在していると言われています。新卒・中途を問わず、採用の現場でも同様の割合でLGBTの求職者から応募があり、出会うことを前提としてください。

- ☐ LGBTやSOGIにまつわる話題は性的な話やプライベートな話ではありません。職場選びや働きがい、安全性に関わる人権課題であること、公正に取り扱わなければならない事項であることを知っておいてください。

- ☐ LGBTであることと、職業上の能力や人間性、就業意欲に関係はありません。性の多様性を前提に、その人自身の意欲や能力を見ることが大事なポイントです。

- ☐ 恋愛や結婚、子育てを面接での話題の前提にしないようにしてください。

- ☐ 「男らしさ」「女らしさ」など、男女に関して決めつけてしまうような表現には気をつけてください。

- ☐ 「ホモ」「レズ」「オカマ」「おとこおんな」など、LGBTを揶揄する言葉・差別的な言葉があります。公正な面接にふさわしい言葉遣いを心がけてください。

- ☐ カミングアウトの範囲は人それぞれです。面接時にカミングアウトをしても、入社後の配属先などでカミングアウトをするとは限りません。本人の同意なしに第三者に共有することは控えてください。

- ☐ とくにトランスジェンダーの人々の場合、応募書類の名前や性別欄に書かれた性別と、言葉遣いや服装、見た目の性別が一致しない方もいます。過剰に驚いたり、詮索をしないよう

にしてください。

- [ ] トランスジェンダーの人々に対して、性同一性障害の診断書の有無や身体の状態など、治療の状況は聞かないようにしてください。

- [ ] トランスジェンダーの人々に対して、職場でのトイレや更衣室などの具体的な配慮が必要かどうかは、採用面接では聞かなくても大丈夫です。配属先が決まってから、その事業所の状況と合わせて相談する心づもりを持ちましょう。

- [ ] LGBTに関する話題が出てきたときは、「ちゃんと研修を受けている」「規定がある／改定の予定がある」などを伝えるとよいでしょう。

---

VOICE

**トランスジェンダーの人々の声** | **採用面接での不利益の経験**

● 戸籍上は女性ですが、男性としての就労を希望していたため、カミングアウトせざるを得ない状況でした。「カミングアウトしたら働けないのでは？」といつも不安でした。
　また、実際に性同一性障害であることを伝えると、「帰れ」と面接を打ち切られたり、最終の役員面接で「体はどうなっているんだ？　子どもは産めるのか？」とセクハラを受けることもありました。

（20代・FtMトランスジェンダー）

● カミングアウトした状態で就活しました。一応理解は得られましたが、本採用になる前に1ヵ月長く試用期間を設けられました。

（30代・トランスジェンダー男性・飲食）

# 第7章
# 企業の取組み

Chapter 7

第7章 企業の取組み

# 7・1 日本航空株式会社（JAL）

企業プロフィール：日本の主要航空会社のひとつ
設　　立：1951年8月1日
本 拠 地：東京都品川区
従業員数：11,449人、連結ベース32,753人（2017年3月31日現在）。
インタビュー概要：2017年10月4日実施。人財戦略部人財戦略グ
　　　　　　　　　ループ担当者1人にお話をうかがいました。

## ◎取組みのきっかけ

2015年12月、ニュースなどLGBTに関する社会的関心が高まる状況を踏まえ、「会社としての方針を策定する必要があるのではないか」という相談が、ブランディング担当部門から人事担当部門にありました。これが、LGBTに取り組むきっかけとなりました。まず、すでにLGBTに関する取組みを進めている先進企業にヒアリングをすることから始めました。

## ◎LGBTに関する取組み

### ① メッセージの発信

2016年3月に、全グループ社員約32,000人に対して社長メッセージを発信しました。その内容は「LGBTに対する理解の促進にも取り組みます。互いに尊重し合うコミュニケーションで、日頃無意識のうちにできている壁をなくす努力を重ねます」というもので、取組みの姿勢を明示するとともに、性的指向・性自認による差別を禁止することをホームページで社内外に公開しました。

### ② 研修実施

2016年3、4月に、LGBTに関する研修を経営層・人事担当者が受

講しました。また、5月から9月末までには、全グループ社員に向けてe-ラーニングの受講を実施しました。まずは全グループ社員の知識、理解を同一とすることを重視し、研修を徹底しました。

2017年7、9月には、お客さまと直接接する機会が多い機内客室や空港窓口を担当する社員の管理職などにLGBTの人を講師とする研修を実施し、直接意見交換することなどを通じて、LGBTに関するより一層の理解の促進を行っています。

③ 社内窓口の制定

2016年5月に、既存のハラスメントの相談窓口と併設する形で、LGBTに関する相談窓口を設置し、電話とメールで相談を受けられる体制を整えました。

④ アライの可視化

6色レインボーのLGBT ALLYステッカーを作成し、研修受講者や希望者に配布しています。

⑤ LGBTに関連する社外イベントへの協力・社外評価

LGBTの人たちと直接接する機会を通じ、より一層の理解を促進するため、2016年にピンクドット沖縄への特別協賛や、RAINBOW CROSSING TOKYOへの出展など、社外イベントへ参加しました。

また、2016、2017年には、自社の取組みに関する客観的な評価を行うため「PRIDE指標」に応募しました。この応募では、2年ともゴールド認定を取得することができました。

また、LGBTの人の就職や転職を支援する会社が企画・運営するシンポジウムにも積極的に参加し、他の企業や自治体の取組みなどについて意見交換を行っています。

⑥ 社内制度の改定

2017年10月に社内規程を整備し、生計を一にするなど一定の要件を満たし、公的な証明書を提出した社員には同性パートナーも家族と認め、育児や介護などの休暇・休職制度や社宅などの福利厚生制度を利用できるようにしました。

この際配慮したのは、同性パートナーの申請を担当者に直接申し込めるようにしたことです。直接の上長に対して、また部署内でカミングアウトをしなくても制度が利用できるように、また、アウティングの防止を意図しています。

⑦　お客さまへの対応

　2016年2月、同性パートナーも配偶者が利用可能なJALマイレージサービスをご利用いただけるようにしました。特典航空券など各種特典の利用をはじめ、「JALカード家族プログラム」でのマイレージ家族共有の対象としました。渋谷区や世田谷区が発行する「同性パートナー証明書」、同居を証明する住民票などを事前にJALマイレージバンクに登録することで、サービスの利用が可能となります。

### ◎トランスジェンダーに関する取組み

　2016年3月、トランスジェンダーの社員から上長に相談があったことをきっかけに取組みが始まり、トランスジェンダーの外部講師を招いた研修を複数回実施しました。設備面においても、本人の希望に合わせて更衣室に間仕切りを設け、「だれでもトイレ」の利用を勧めるなどの対応をしました。その社員はいまでは望む性別で働いています。

　また2017年には、トランスジェンダーの社員から、飲み会などでのSOGIに関するハラスメントが辛いという相談がありました。それぞれの現場において、LGBTに関する一層の理解促進が必要だと考えています。

　性別適合手術を受ける場合は、年間20日間付与される年次有給休暇の範囲で対応することになります。今後は、ニーズや他の企業の動向などを踏まえ、独立した休暇制度を設けるかについても検討しています。

### ◎取り組む上での困難

　取り組む上での社内の障壁はとくになかったと感じています。最初

に社長からのトップメッセージがあったため、取り組みやすかったように思います。2011年以降は、グループ内の出身会社の枠を超えた活躍、外国籍の社員の活躍（2012年）、女性社員の活躍（2014年）、ワークスタイル変換（2015年）に取り組み、2016年には障がいがある社員や定年後も再雇用を希望する社員の活躍促進、そしてLGBTの方の理解の促進など、ダイバーシティに関するトップメッセージをほぼ毎年発信し、新たな価値を創造するための取組みを進めています。このようなダイバーシティ推進への継続的な取組みがあったからこそ、その一連の流れの中にLGBTに関する取組みが加わることにハードルがなかったのだと思っています。

　また、JALグループでは、企業理念を達成するための指針である「JALフィロソフィ」という考え方を持っています。職場、職種、国籍、年齢などを越えた社員同士による勉強会を行うとともに、日々の業務で実践しています。このような基盤・土壌があるからこそ、LGBTへの取組みも推進できたのだと思います。

## ◎社内外の反応

　社内からは肯定的な意見を数多くいただいています。全グループ社員に向けたe-ラーニングではアンケートも実施しましたが、約半数は「LGBTを考える動機付けになった」「言動に気を付け、思いやりをもつことの大事さを学べた」といった肯定的なコメントが返ってきました。

　また、「継続的に研修をしてほしい」「もっと知りたい」「当事者と接する際に気を付けることなど具体的な事例が知りたい」というコメントも多かったので、LGBTの皆さんを講師とする研修を実施しました。この研修でも、「e-ラーニングではわからない当事者の生の声が聴けた」「自分らしく活躍している講師の皆さんが素敵だった」といったコメントがほとんどでした。

　e-ラーニングのアンケートでは、LGBTの社員からも「もっと取り組んでほしい」など、前向きなコメントをもらいました。また、社内

ではアライを増やしていこうという意見も多くあります。

このため、部下を持つ管理職の社員に対する研修や採用担当者向けの研修では、LGBTに関する講義を行うとともに、受講者にLGBT ALLYステッカーを配布し、アライの可視化を進めています。

お客さまや株主の皆さまからの否定的な反応もありません。採用面接では、LGBTの応募者から「RAINBOW CROSSING TOKYOへ出展しているのを見て、これまで堅い会社だと思っていたからこそ驚いたし、とても嬉しかった」との感想をいただきました。

### ◎今後の取組み

引き続き、グループ会社の社員を含め、LGBTに関するより一層の理解の促進を継続していきます。

LGBTの人を講師とする研修は引き続き対象者の範囲を拡大して実施していきますが、LGBTに関する各種のイベントにも積極的に参加したいと考えています。多くのLGBTの皆さんやアライである企業・団体の皆さんとの一体感を自分の肌で感じ取ることができ、LGBTに関する理解の促進には非常に有効だと考えているからです。東京や福岡のプライドパレードへの出展を考えていますが、このようなイベントへの参加を通じJALグループにアライのネットワークがつくれたらと思っています。

### ◎これから取り組む企業へのメッセージ

LGBTに関する取組みはまだ始まったばかりですが、取組みの推進にはトップダウンとボトムアップの両方が必要だと感じます。このため、トップによる確かなメッセージの発信と、LGBTに関する正確な理解を促進するための社員教育が大切です。

トランスジェンダーの皆さんへの対応も紋切型ではなく、1人ひとりの状況に応じた個別の対応が必要であると考えています。たとえばトイレの問題では、トランスジェンダーの社員用に「だれでもトイレ」

を整備しておくだけでは解決はしないと考えています。「男性用トイレ」「女性用トイレ」「だれでもトイレ」のうちどのトイレを利用したいのか希望を聞いた上で、場合によってはストレートの社員の意見も踏まえたきめ細かい対応が必要であると思います。

　悩みや希望を個別に聞いた上で、どうしたら働きやすい、最高のパフォーマンスを発揮できる職場になるのかを一緒に考えるという当事者に寄り添った対応が必要であり、1つの解決策を押しつけるのではなく、本人の希望に寄り添い、複数の選択肢から選べる状況をつくることが重要だと考えています。

## 7.2 日本電信電話株式会社（NTT）

> 企業プロフィール：日本の通信事業最大手であるNTTグループの持株会社として、グループを統括する
> 設　　立：1985年4月1日
> 本 拠 地：東京都千代田区
> 従業員数：2,700人、連結ベース274,850人（2017年3月31日現在）
> インタビュー概要：2017年10月30日実施。総務部門 人事・人事制度担当者2人にお話をうかがいました。

### ◎取組みのきっかけ

日本電信電話株式会社は国内事業とのイメージが強いかと思いますが、グローバル展開が加速しています。市場の変化やお客さまの多様化に伴い、お客さまのバリューパートナーであり続けるために、ダイバーシティ＆インクルージョンの取組みを重要視してきました。

昨今、社会的なLGBTへの関心度の向上に伴い、お客さまや社員にもいるLGBTへの取組みを、多様性の活用・推進の一環として実施しています。

また、人権課題としての側面と、ビジネス面においても、同性パートナーへの家族割適応などに取り組んでいます。

### ◎LGBTに関する取組み

① メッセージの発信

2016年4月に、「NTTグループにおけるLGBT等 性的マイノリティに関する取り組みについて」としてプレスリリースを配信しました。アニュアルレポートやサステナビリティレポートの「ダイバーシティの推進」にも、性的指向・性自認に関するポリシーを明記しています。

また、社内ホームページなどで社長が取組みの姿勢をメッセージとして発信したことも、大きな影響があったと考えています。

② 社内制度の改定

ハラスメント防止規定に性的指向、性自認に基づくハラスメントの禁止を明記しています。また、重要なライフイベントとして、結婚休暇・忌引休暇・慶弔金・慶弔電報の発信を、配偶者と同様の関係にある同性パートナーに対しても適用することとしました。

③ 研修実施

階層別研修（新任管理者研修や新入社員研修）、人事担当者向け勉強会など、さまざまな機会をとらえてLGBTに関する研修を実施しています。全社員に対してはLGBTに関するe-ラーニングにより、意識啓発を行っています。

また、LGBT当事者の方を講師に招き、実体験を踏まえたお話をお聞きした上で、カミングアウトを模したロールプレイングを体験するなどの研修も実施しています。当事者の方のお話を直にお聞きすることで、受講者からは、LGBTに対する理解が深まったとの感想を多数もらっています。

④ Allyネットワークの構築

2016年1月に、レインボーカラーのNTTオリジナルロゴマークをつくりました。LGBTの人とLGBTでない人が手を取り合う意味を込めたデザインになっています。このロゴマークを用いたNTTグループオリジナルAllyグッズとして、ステッカーやバッチ、旗などを製作し、Allyの可視化に努めています。

また、非公式のAlly会を発足し、勉強会を実施したり、イベント情報を配信するなど、LGBTに関する理解促進のための活動を行っています。

⑤ 社内窓口の設置

性的指向や性自認に関する社内相談窓口として、専用メールアドレスを設けるなどの環境づくりに努めています。

⑥ 採用における配慮

　採用担当者向けにLGBTに関する勉強会を実施しています。また、NTTではエントリーシートに性別欄はありません。

⑦ LGBTに関連する社外イベントへの協力・社外評価

　LGBTと企業の交流イベント「Rainbow Crossing Tokyo」に、2016年から出展しています。また、東京でゴールデンウィークに開催される大型プライドイベント「TOKYO RAINBOW PRIDE 2017」に協賛しました。

　「PRIDE指標」（P.24参照）では、2016年・2017年ともにゴールド認定を取得しています。

◎ **グループ全体での取組み**

　NTTは国内外に多数のグループ会社があります。NTTグループ全体に向けた取組みとしては、トップメッセージの発信、LGBT等 性的マイノリティに関する基礎知識の作成・展開、グループ横断研修等を行っています。グループ各社では、各社の状況に応じてLGBTに関する取組みを実施しています。たとえばNTTドコモの場合、Allyネットワークをワーキンググループのひとつとして立ち上げ、積極的に勉強会やランチ会を実施しています。また、NTTドコモの一人ひとりが活躍できる社会の実現に貢献する姿勢を示すCMの「ForONEs」にはLGBT当事者の方がご出演くださっています。「PRIDE指標」には、2016、2017年ともにグループ会社16社が応募するなど、グループ全体での取り組みも強く推進しています。ゴールド認定を受ける企業も増加しています。

◎ **トランスジェンダーに関する取組み**

　トランスジェンダーの方への対応については、NTTグループ全体に向け「職場におけるトランスジェダー対応Q&A」とし、よくある質問や一般的な例をまとめていますが、実際の対応は、本人の希望や、

職場の理解度、ファシリティの状況などに応じて個別に対応しています。

グループ各社の取組みについてはグループ内で事例共有しており、勤務票などの性別欄を非表示にするなどの事例もあります。

## ◎社内外の反応

当初は理解を得るのが難しかった時期もありますが、取り組み続けるにつれ社内外から肯定的な声が多く寄せられています。たとえば社内では、LGBTの社員からカミングアウトを受けたり、匿名でも「自社が取り組んでくれて嬉しい」という内容のメールが届いたりしました。また、LGBTではない社員からも応援のメッセージや、取組みについての積極的な意見をもらいました。

NTTグループは保守的な企業と思われがちですが、LGBTの取組みに関しては社外から好意的な意見も多数いただきます。NTTドコモのCMについても、SNSなどで良い反応を多くいただきました。また、他社から「NTTグループの事例について教えてほしい」といったお問い合わせもいただいています。

## ◎今後の取組み

今後も継続的に、意識や風土醸成に取り組みたいと考えます。どのように現場に理解を浸透させていくかが現在の課題です。研修、イベントなど、さまざまな方法で定期的・継続的に取り組んでいこうと考えています。

## ◎これから取り組む企業へのメッセージ

「LGBTに関する取組みは難しい」「なにから始めたらいいのかわからない」と躊躇する企業もあるかもしれません。LGBTの課題だからと構えるのではなく、私たちはダイバーシティ＆インクルージョンの取組みの1つとして、誰しもが安心して働ける職場づくりに向

け、LGBTの取組みを実施しています。LGBTの研修の受講者からは「LGBTに限らず、他の分野も含めたダイバーシティ＆インクルージョンの理解醸成につながった」との意見も聞かれます。

　踏み出さないことにはなにもはじまりません。まずは一歩。LGBTの課題を知らない方も多いので、まずは知ること、そして社内に伝えることが大切だと思います。

　実際、NTTの取組みも小さな勉強会から始まりました。「知らないからやれない、しかし知ることで、小さいところからでもとっかかりが見えてくるのではと思います。

# 7.3　野村ホールディングス株式会社

> 企業プロフィール：世界30ヵ国・地域を越えるグローバル・ネットワークを有する金融サービスグループ
> 設　　立：1925年12月25日
> 本　拠　地：東京都中央区
> 従業員数：グループ全体で28,914人（2017年6月末時点）
> インタビュー概要：2017年10月31日実施。D＆I推進室担当者2人にお話をうかがいました。

## ◎取組みのきっかけ

　2010年、外資系企業出身のアライの社員が中心となって、LGBTアライの社員ネットワークが立ち上げられました。このネットワークが中心となって啓発イベントが開始され、その後、人事で研修や社内規程への明記、人事制度の改定、相談窓口の設置など、LGBTへの取組みを進めてきました。

　その中でも、トランスジェンダーの方が直面する課題はとくに整理が必要であったため、2017年1月には、特定非営利活動法人ReBitとともに「トランスジェンダー対応ガイドライン」（以下「ガイドライン」）を作成しました。

## ◎トランスジェンダーの社員への取組み

　「ガイドライン」は、知識編、対応編に加えて、2種類のヒアリングシートを添付資料とし、19ページにまとめました。知識編では、用語説明に加え、性別移行の段階に応じた対応のフローチャートを紹介しています。また対応編では、通称名の扱い方、トイレや健康診断などのハード面の対応、性別を移行する際の周知の範囲など、実際に

第7章 企業の取組み

トランスジェンダーの社員から申し出があった際の対応のあり方を説明しています。

　ヒアリングシートは、
・申し出た本人が、短期・中長期的な対応の希望を、面談前に記入するシート
・ヒアリング担当者が面談で聞くべきポイントをまとめたシート

の2種類を用意しています。また、ヒアリング内容の共有可能な範囲がきちんと確認できるようになっており、アウティングを防いだ上でのチーム対応を可能とするために活用しています。本人が安心して希望を伝えられるようにすること、何度も説明するストレスを軽減することも、本シートの目的です。当社のイントラネットから、誰もがいつでも見られるように配慮されています。

　どのような対応を希望するかは人によって異なります。また、配属先が自社ビルかどうかによっても、設備の利用方法や改築への柔軟性が異なります。そこで、本ガイドラインの特徴は、さまざまな状況に対応・配慮ができるよう、柔軟性を持たせているところです。「理解促進を大事にし、トランスジェンダーの社員もトランスジェンダーでない社員も、ともに手を取り合って一緒に前に進むためのマニュアルをつくろう」という意識で作成しました。「マニュアル」というと、禁止事項を多く設けた書類のように思われがちですが、会社としての対応方針を決めることよりも、ヒアリングや対応のポイントを整理すること、対応の際の姿勢についてまとめることを重視した資料となっています。

　「ガイドライン」の作成と合わせて、「役員会議や人事担当者向けのLGBTをテーマにした勉強会を開催する」「全社が参加可能なイベントにトランスジェンダーのスピーカーを招く」など、理解醸成に取り組んできました。社内の服装規程においても「男性の場合」「女性の場合」と性別で分けるのではなく、「スーツを着る場合」「化粧をする場合」など「場合」によって分けた記載に変更しました。

## ◎取組みの中で大変だったこと

取り組む上で大変だった点は大きく3つあります。1点目は、自社内でトランスジェンダーの社員からの相談事例がなかった点です。事例がある企業にどのような対応が必要かをヒアリングをして回りました。

次に、すべての希望に対応できるわけではないので、どうしても叶えられない希望があったときにどう対応するべきか、この説明が難しかったことです。結果として「個人の希望に寄り添いながら柔軟な対応をする」という姿勢を重要視するガイドラインとしました。

最後に、社内制度や公的書類の精査が難しかった点があげられます。どのような制度・書類で困りごとが生じるのかを考えることが大変でした。人事関連の書類では、性別欄が必要かどうか、戸籍名が必要か、通称名でも可能かどうか、などの選別を行いました。他の書類についても、これから検討していく余地があると感じています。

これらの活動に取り組む上で、反対の声などはありませんでした。LGBTの課題については、ダイバーシティ＆インクルージョンの視点で取り組んできたため、「トランスジェンダー職員は、1人ひとりニーズや考え方が異なるので、個別対応が大事である」というメッセージも違和感なく受け入れられたのだと感じています。

## ◎アライの取組み

当社の取組みの特徴の1つに、LGBTアライ社員ネットワークの積極的な活動が挙げられます。現在、中心となっている運営メンバーは15人、登録メンバーは約700人で、アライの人が多く参加しています。現場の課題解決に向けたイベントを自主的に運営するなど、ボトムアップで取組みが始まり、今も職場を変える力につながっています。ダイバーシティ＆インクルージョンは、トップダウンとボトムアップが両輪となって推進されることが大切です。当社は使命感を持って取り組む社員ネットワークがトップや人事を動かしていきました。たとえば、全社で配布されているAllyシールも、社員ネットワーク発の

取組みです。トップからのメッセージも不可欠ですが、課題は現場にあるからこそ、ネットワークが現場の課題をすくい上げ、声をあげていくことが大事だと思います。

　LGBTアライ社員ネットワークは、2012年から「マルチカルチャーバリュー」という多様性全般を推進するチームに変わり、LGBTの課題だけでなく、障がいの有無や国籍の違いなど、さまざまなバックグラウンドの違いから生じる課題解決に取り組んでいます。そこでは、ネットワークに入るきっかけが異なる社員同士が、お互いの課題に対するアライ同士になっていきます。LGBTのアライだけでなく、「マルチカルチャーアライ」「ダイバーシティー＆インクルージョンアライ」が増えていっていると感じます。アライという考え方はLGBTだけでなく、ダイバーシティ＆インクルージョンを進めていく上で、とても大切な概念だと考えています。

## ◎社内外の反応

　社内外から肯定的な声が多く届いています。社内からは「実際の相談に備えて、課題を事前に知れてよかった」との声がありました。実際にガイドラインを用いてトランスジェンダーの社員への対応をした上司や労務管理者から「対応のプロセスが明示されていて、とても参考になった」という評価もありました。また、トランスジェンダーの社員からは「配慮が明記されていることで、不安にならないで済んだ」との声も届いています。

　社外からは、トランスジェンダーに関する取組みを検討している企業からお問い合わせをいただいています。また、メディアに取り上げられたことで、地方店のお客さまからも「このような取組みはすばらしい」という声もいただいており、LGBTの取組み全般に対してマイナスの反応はありません。さらに、東京レインボープライドのパレードに社員で参加したところ、LGBTの学生の方から「古い体質の企業かと思っていたが、このような取組みを知って印象が変わった。こう

いう大人がいるんだ、と将来に向けて希望が持てた」という声も届いています。

◎**今後の取組み**

ガイドラインはイントラネットでの閲覧が可能ですが、まだ認識していない社員もいます。LGBTに関する知識や理解の促進とともに、ガイドラインの存在や、そこで書かれている対応への姿勢についても周知していきたいと考えています。また、トランスジェンダーの方は、社員だけでなくお客さまにももちろんいらっしゃいます。営業店でのトランスジェンダーのお客さまへの窓口対応のあり方についても検討していきたいと思っています。

◎**これから取り組む企業へのメッセージ**

トランスジェンダーへの対応・配慮はさまざまな観点があるにも関わらず、トイレの課題だけに注目が集まる傾向があります。しかし課題はトイレなどの設備面だけではありませんし、トランスジェンダーの方、それぞれに希望は異なります。会社としての対応を1つに決めるのではなく、1人ひとりに寄り添える体制をつくっていくことが大切だと考えます。

トランスジェンダーの社員は、カミングアウトしていてもしていなくても、存在することは確かです。国内でも、適切な対応ができず訴訟に発展したケースも発生しています。会社としての方針を整えることは、リスクマネジメントにも繋がると考えています。なによりも、ダイバーシティ＆インクルージョンの視点から、社員1人ひとりが働きやすい職場をつくることは、それぞれの能力を最大限に生かす上でも重要な取組みです。野村ホールディングスの最大の商品は人材（人財）です。財産である社員を大切にし、お客さまへ最大限の価値を提供するためにも、LGBTに関する取組みが大切だと考えます。

## 7.4 キリンホールディングス株式会社

> 企業プロフィール：国内外において飲料・医薬などのグループ会社を持つ企業
> 設　　立：1907年2月23日
> 従業員数：28,569人（2017年6月30日現在）
> インタビュー概要：2018年1月10日実施。人事総務部多様性推進室長1人にお話をうかがいました。

### ◎取組みのきっかけ

キリンは、経営戦略上の重要課題としてダイバーシティ・多様性推進をとても大切なことと捉えています。さまざまな事情を抱える人々がいるなかで、「それぞれの個性や強みといったものを発揮していくことが企業としての成長や価値創造に繋がる」、そういった考えのもと、これまで多様性推進に取り組んできました。

2007年には女性活躍推進本格化、2011年にはキリン独自の障がい者雇用憲章策定、加えてシニア社員に対する取組みも順次取り組むなかで、性的マイノリティについても「自分らしくありのままの姿で力を発揮しやすくしていける環境を整えていきたい」という動きが2016年頃から始まりました。たとえば、社会や職場環境など周囲の理解度の問題から、家族の話であったり大切にしているものについて隠したり、偽って仕事をしていくとすれば、生産性においても心理的安全性においても良くない、そういった事実はよく耳にしていましたし、LGBTの人の割合が7.6％という数字を見て「これは会社としてもやっていかなければ」との声が挙がり、2016年秋には人事制度改訂について、人事から推進が始まりました。

## ◎ LGBTに関する取組み

### ① メッセージの発信

2017年4月に、経営陣から「キリンのLGBT施策の取組について」として、人権尊重と多様性推進の経営上の意義を説明の上で、会社としてできることは半歩でも前に進めていくことなどを内容とするメッセージが出されました。

これを受け2017年7月に、グループ全体の行動規範に性的指向・性自認における差別禁止を明記しました。この行動規範は、国内だけでなく国外にある関係会社にも適応されます。一部の子会社がある国・地域においては、同性間における性行為が刑罰の対象となっているなど、各国の法令の事情を把握したうえで「各国政府の事情はあれど、あくまで差別禁止という構成社員として極めて当たり前のことについては、キリングループ統一的な考えのもとに取り組む」という考えで明文化したものです。

### ② 社内制度の改定

同じく2017年7月に人事制度を改正し、婚姻しているカップルに適応される慶弔休暇、社宅制度、転勤の際の旅費などの社内制度を、同性パートナーや事実婚のカップルにも等しく適応できるようにしました。

ほかにも各事業所の人事・総務部門や相談窓口、産業医など、社員から相談を受ける側の方たちに対しても、必要な資料を提供して知識を持っていただけるよう措置を講じたり、LGBTの社員がありのままの自分として力を発揮しやすい環境をつくっていけるような施策に取り組んでいます。

### ③ 研修実施

直近は、全社員が毎年受ける研修の中に、LGBTに関する基礎的な知識を学んでいただく機会を設け、全社員が一定の素養や高い理解度を持てるよう努めています。

経営陣が言っていることですが、社員自身の内側にある理解や正し

い知識が、ひいては世の中の多様なお客さまに対する理解に繋がると考えていますし、より信頼いただけるグループに成長していくためには必要不可欠なことだとも考えています。

④　採用における配慮

　採用活動にあたる面接官へ、志願者の能力や意欲に基づいてのみ評価するよう会社の方針などを再度徹底した上で、宣誓署名いただいた社員のみ面接官に就任いただくなど、特段の措置を講じています。

⑤　LGBTに関連する社外イベントへの協力・社外評価

　人事制度などを整えるに先がけ、2016年より直営の体験型店舗「SPRING VALLEY BREWERY（スプリングバレーブルワリー）」から「東京レインボープライド」への出展を通して、ビールと人々の多様性への訴求を行ってきました。

　翌年2017年にPRIDE指標のゴールド賞を受賞。また、「RAINBOW CROSSING TOKYO 2017」へもスポンサーとして出展し、社内における取組みの発信も行っています。

⑥　社内風土の醸成

　制度を風土や文化として定着させていくうえで困難なことはとくにありませんでした。もともとキリンのお客さまや商品は多様であるという意識、人権やダイバーシティを大事にする風土、社会的課題に事業として向き合っていくCSVの価値観が存在していたため、取り組む動きが活発化してきた当時も反発の声などはなく、「自然なことだし、必要なこと」としてスムーズに受け入れられていきました。

◎ トランスジェンダーに関する取組み

　トランスジェンダーの社員が性別適合手術等の医学的なケアを受ける際には積立休暇の活用ができるように社内制度をつくりました。この積立休暇という制度は、育児、不妊治療など一定の事由に関しては、労働基準法上失効したはずの有給休暇の日数を社内で最大60日まで積み立てて活用できる休暇で、自分らしく働くために必要だ

が時間がどうしてもかかる医学的ケアにも使用できるようにしたものです。

「トランスジェンダーにとっても働きやすい職場」というものを考えたときに「まず更衣室やお手洗いを何とかしなければ」という考えに至りやすいでしょうが、トランスジェンダーの方がすべからくトイレなどの設備で困り、一律に施設改修をはじめとした特段の措置を要すると予断をもってはいけないと考えます。たとえば、企業などにおける障害を有する方の雇用に関する法令ルールがあり、これまで障害なく勤務していた従業員も傷病や事故などによって事後的に配慮を要する事情を持たれる状況になることもごく一般的にあります。身体、知的、精神という類型に限らず、1人ひとりの状況や程度も企業に求められる配慮も多様で、企業側も規模や財務基盤、事業場のハード特性もそれぞれあります。こういった事実に鑑み、合理的配慮の法理が設けられ、それぞれのケースバイケースとして企業と従業員がそれぞれ整理を調整しているわけです。

一方、トランスジェンダーの問題になると一律に「雇用するのであれば設備改修をしなければならない」と自らハードルを高く設定するような議論が散見されますが、それがかえって雇用を避けることにつながったり、腫物に触るという雰囲気になってしまいがちで、それはそこまでの措置を不可欠としない当事者本人にとっても望まないことだと思います。個々人のバックグラウンドや経緯によって困りごとは違うからこそ、もっとも大切なのは、内部の理解度を高め、困りごとに寄り添うことだと考えています。その方の持つ力が発揮されるような環境をいかにしてつくれるかという視点から、決してお手洗いや更衣室などの「設備ありき」ではなく、それぞれの会社ができることを考える合理的配慮の視点から、外部の当事者団体などの助言などもいただきながら、その方の困りごとに寄り添うことができるのではないでしょうか。

## ◎社内外の反応

積立休暇制度を応用したトランスジェンダーの方へ休暇制度については、メディアなどに報じられる結果となり、高い注目をいただきました。実際の制度の使用状況に関わらず会社として多様性の推進に取り組み、個々が活躍できるような環境を整えていきたいというキリンの考え方やメッセージを、社内外において広く知っていただくきっかけになったと感じています。

会社が取り組むことで自発的に勉強する姿勢を持つ社員も多く見られましたし、社外においても報道記事を読んだり、懸賞キャンペーンのWEBフォームに性別を登録しない欄があることに気づいて「多様な方々に対して配慮しているのですね」と非常に好意的な反応を示してくださる方も多く見受けられました。

## ◎今後の取組み

取引先、お客さまの理解を通じて、社内の理解もより深めていきたいと思っています。2017年12月に、LGBTの講師を招いてワークショップを行いました。LGBTの課題に限らず、自分がいかにアンコンシャス・バイアス（無意識からくる偏見や思い込み）を持っているか理解をして、取引先やお客さま理解といった他者に関するインサイト力向上に繋げる狙いです。

「飲み物」という性別や属性にかかわらないものを扱っていく中で、事業としては「より多くのお客さまに響くものを考えていかなければいけない。そんな時にどれだけお客さまお1人おひとりに正しく迫れるか、いかにお客さまと触れ、理解できる機会をつくれるか」が大事だと考えています。社内の理解を深めるためにも、実際にお客さまと向き合い、高い評価を得ることで喜びをもって社員が販売を行ったり自発的な製品開発を行っていくことに、今後も注力したいと考えています。

たとえば、2016年にキリンビバレッジの「午後の紅茶 恋のティー

グルト」と、江崎グリコ様の「ポッキーミディ〈恋のレモン〉」がバレンタインにあわせ、コラボレーションパッケージでの発売をしました。両方のパッケージをあわせると、両者に描かれている人がキスをしているようにみえるパッケージデザインだったのですが、「男女の組み合わせに限らず同性同士など、さまざまな組み合わせもできる」ということで、国内だけでなく国外でも話題となり、多くの方々にご好評いただいた事例も、お客さまのインサイトに迫る上で1つの気づきになったと思います。

◎これから取り組む企業へのメッセージ

　各社のお考えや状況があるので一律に「こうしたら？」ということはできませんが、弊社では「会社としてできることは半歩でも前に進もう」という方針を常に大事にしてきました。社内外のネガティブな反応を恐れて施策を打たないといったケースもあるかもしれませんが、声をあげられない方もいるなかで、そういった社内の当事者は見ていらっしゃるようにも感じます。「まずは理解を深めよう、まずは考えてみよう」、そういった取組みも大事ですし、LGBTの方以外にとっても働きやすい環境に繋がると思います。

　「配慮」でも「甘やかし」でもなく、LGBTに対する取組みは経営課題としての「多様性推進」の一環です。周囲の偏見などにより社員が能力をフルに出し活躍できない環境があるとしたら、その要因を率先して取り除く必要があります。能力や素質、意欲が会社におけるパフォーマンスとして重要なのであって、見た目や声質はもちろんセクシュアリティなどの特性は本来関係ありません。特性によって揶揄するような環境は、LGBTの方のみならず、たとえば声が高い男性社員にとっても過ごしやすい環境とは言えませんよね。性的指向や性自認にかかわらず差別があってはならず、力を出しにくい環境は最小化する努力が求められます。だからこそ、LGBTについて取り組むことは最先端でも流行りでもなく、むしろ今まで気づいてなかっただけなの

ではないでしょうか。
　多様なお客さま、多様な社員がいる中で、いかに自分のものの見方だけでなく他者のものの見方にまで考えを馳せられるか、ダイバーシティを他人事とせず自分ごととして考えていくことは非常に大切だと考えています。

## 7·5　中外製薬株式会社

企業プロフィール：日本の大手医薬品メーカー
創　　業：1925年3月10日
本　拠　地：東京都中央区
従業員数：7,245人（2016年12月31日現在）
インタビュー概要：2017年12月25日実施。人事部担当者2人にお話をうかがいました。

◎取組みのきっかけ

　人権に関する課題などを担当するCSR推進部では、社会的にLGBTに関する課題が取り上げられるようになってきたことから、以前より社内で展開していた人権研修の中で2014年にLGBTについて初めて取り上げました。そうした研修を通じて社内の意識が高まる中で、会社としてLGBTに対する方針を示す必要があると認識し、2016年2月に企業行動ならびに社員行動の規準である「中外ビジネス・コンダクト・ガイドライン」（中外BCG）を改定し、「人権の尊重」の項目に「性的指向」「性自認」という文言を追加して、それらに基づく差別を一切容認しないことを加えました。

　これに合わせて、LGBTの社員がより働きやすい環境をつくる上で社内対応をどのように変えていけばよいか検討するため、人事部やCSR推進部、制度関連の申請対応を担当する部署（関係会社）、年金基金や共済会の関係者で検討チームを立ちあげ、取組みが始動しました。CSR推進部や人事部の担当者が「work with Pride」に参加したり、他社様へのヒアリングにより情報を取り入れつつ、それぞれに勉強していたので、始動後すぐに取組みが加速したのだと思います。

### ◎ LGBTに関する取組み

① メッセージの発信

　LGBTの社員は、トイレや服装などさまざまな悩みを抱えていると考えられます。そこで、2016年10月に人事部から全組織長へ人事関連課題の対応方針を通知、各組織内で相談があった際の対応や職場での意識啓発などの協力を依頼しました。また、同時に、課題に関係する部署にも協力を要請し、協議を重ねていきました。たとえば、施設のトイレ・更衣室などに関する対応や宿泊研修時の部屋割り、男女の区分があった社章やユニフォームは当人の選択を可能にするといった方針などを一緒に整理し、各担当部署には、変更の申し出があった際の対応フローなどを整理してもらいました。

　その後11月には全社員に対応方針として、まずは社内の意識啓発から始めていく旨と、制度などの対応に関する内容を周知しました。その際には、社員からの質問についても事前に想定し、Q&Aも添付して配信しました。

　弊社では毎年11月に「ダイバーシティWeek」という社内での意識啓発期間を設けており、2016年にはイントラネットに「LGBTに関する基礎知識」という、初めて知る方でもわかりやすいトピックで記事を掲載し、全社員へメールマガジンを配信しました。

② 社内制度の対応

　制度上の対応に関しては、2016年1月から検討チームで整理し始めました。CSR推進部や、制度関連の申請処理の対応をしている部署（関係会社）、年金基金や共済会などにおいて「申請があった場合に、どのような課題があるか」をまず洗い出し、ケース検討を重ねながら議論を進めていきました。同年11月に社内周知した対応方針の中では、制度適用（手当、給付金、休暇など）について、本人の申し出に基づいて個別に適用を判定することを明記しました。

　弊社では職場のコンプライアンス、ハラスメントやメンタルヘルスなどについて、相談窓口を設けています。こうした問題は、なかなか

社内に相談しにくく悩む場合も多いので、社内だけではなく社外にも相談窓口を設置しています。LGBTについてもこうした既存の窓口で対応できるように整え、中外BCGの改定にあわせてイントラネットに相談先を掲載し社内に周知しました。

③ 研修実施

社内関係者への意識啓発は、2016年11月の対応方針の社内周知に先立ち、同年5月から始めています。というのも、制度対応のプロセスや判断基準をいくら整備しても十分ではなく、直接対応を行う関係者への研修が肝要であると考えたためです。実際に関係者からは、営業担当がお客さまに会うときの服装についてなど、「相談があった際にどう対応すべきか不安」といった声が聞かれました。そこで、直接相談を受けるであろう各部署のCSR、人事関係者から研修を開始しました。

④ 採用における配慮

2016年5月に、採用面接者向けのマニュアルに中外BCGに定めた一文を追記し、「性的指向」「性自認」に基づく差別を一切容認しない旨の内容を追加しました。

また採用に関しては、今後面接者の対応や、募集活動での学生への説明、採用活動での配慮など、取組みをさらに進めていきたいと考えています。

⑤ 社内風土の醸成

社内へ何かを展開していく際には、方針をつくるだけでは文化として浸透させるのは難しいと考えています。「何のために、なぜ必要なのか」を考え、そして伝えていくことがもっとも大事だと感じています。だからこそ意識啓発研修やケーススタディなど、直接的な議論を何度も重ねていくことが、社内関係者の意識を変えることに非常に役立ちました。またその際には、他社様の取組みや事例も合わせて紹介していくことで、社内の対象者やニーズが把握できない中でも、より現実味を持って議論に取り組め、協力を得ることができたのではない

かと思います。

　環境整備についても、メールだけでは理解されにくいため事業所へ出向いて担当者に直接その必要性について伝えるように心掛けました。その結果、各方面から自発的に「どういったことに気を付けたらよいか」といった相談が入るようになり、社内での動きが活発化したのはとても嬉しいことでした。

　風土・文化として定着させていくことを考えたときに、部下を持つマネジャー層へのアプローチは今後の課題ですし、アライ活動をどう進めるかも考える必要があります。アライ活動も内輪のものとせず、積極的に周知していくことが大事です。「アライの人」「そうでない人」と切り分けるのではなく、誰でも参加できるような環境を整えていきたいと考えています。

◎ **トランスジェンダーに関する取組み**

　2016年5月には「中外ビジネス・カジュアル・スタイル」という服装などに関するガイドラインの文言を改訂しました。それまで「男性は／女性は」というように性別ごとに分けて明記されていたものを改め、たとえば「マネジャーはビジネスにふさわしい服装（スーツ、ネクタイ着用など）とすること」というように、ジェンダーニュートラルな表現にしました。

　ガイドライン全体の表記方法も性別ごとに記載をするのではなく、「ネクタイは…」「スカートは…」など服装の項目ごとに明記する形で統一しています。こういったマニュアル類も改訂していることを、より多くの社員に知ってもらうことも大切にしていきたいと思っています。

　ユニフォームや社章に関しても、これまでの「女性用」「男性用」という呼称をやめ、どちらのタイプでも選べるよう選択制に移行しました。ユニフォームは、よりジェンダーニュートラルなデザインに切り替え、性別表記でなく番号や記号で呼ぶようにし、体に合ったユニフォームを選べるようにしました。

また、宿泊を伴う研修での部屋割りや入浴に関する個別相談など、配慮した対応を行うことを関係部署間で話し合い、対応手順を確認するなど、トランスジェンダーの方から相談があった場合にも対応できるようにしています。

　さらに、工場の新設にあたり担当者から「当事者の方も使いやすいようなトイレや更衣室にしたい」との相談があり、多目的トイレや個別更衣室を設置するように計画が変更されました。個別更衣室は、申し出があれば誰でも使用できる運用とする予定で、トランスジェンダーの方や手術痕のある方をはじめ、多様な社員にとってインクルーシブな設計になったと考えています。

◎社内外の反応

　昨今、メディアでLGBTについて取りあげられることが増えたこともあって、取組みそのものに反対する声は社内ではとくにありませんでした。ただ、LGBTの方の悩みや困難といったものを自分ごととして理解していくことがなかなか難しいという声がありましたので、関係者への研修や個別の直接対話、情報発信を何度も重ねていくことを大事にしてきました。当初は不安から生じる抵抗感もあったと思いますが、それも長く続いたわけではなく、2016年10月の時点ではおおむね各種対応の方向性がまとまった形になっていたと思います。

　また、関係者には意識啓発研修を実施しましたが、受講後の反応はとても良く、LGBTの人の話を直接聞ける研修を導入して良かったと感じています。加えて、情報発信も重ねたこともあり、「アライの活動に興味のある方はこちらへ連絡してください」という案内を出した際には、数件ではありますが問い合わせや参加希望が届きました。

　一方、社外においても他社様から「積極的に取り組みをしているのですね」とのお言葉をいただきました。学生さんからお問い合わせをいただくこともあり、とても嬉しく感じています。

　「自分らしく働けている」と感じてくれる方が増えるよう、今後も

さらに取組みを進めていきたいです。

### ◎これから取り組む企業へのメッセージ

　少しずつの積み重ねも大事ですが、注力する際の勢いも同様に大切だと感じています。

　また、社内の対応を変えたり新しく始めたりする際には「制度というハード面を整えることこそ会社ができること」と捉えられがちですが、それがすべてではないと考えています。これはLGBTに限らずどのテーマにおいても言えることですが、いつでも相談やカミングアウトができるような環境や、それを生み出す「ひと」を育成していくことこそ、組織にとって重要なことではないでしょうか。LGBTを含め、さまざまな違いを「受け入れていく」ことがインクルージョンの根本と考えたときに、いつかダイバーシティへの取組みが必要なくなるくらいダイバーシティ＆インクルージョンが進んだ職場環境を整えることを目指して、今後も取組みを進めていきたいと、私たちは考えています。

## 7・6　株式会社ラッシュジャパン

> 企業プロフィール：世界49の国と地域でビジネスを展開する英国発の化粧品ブランド、ラッシュ。国内に90店舗以上を運営する
> 設　　　立：1998年10月1日
> 本　拠　地：神奈川県愛甲郡愛川町
> 従業員数：1,500人
> インタビュー概要：2017年12月14日実施。人事担当者2人にお話をうかがいました。

### ◎取組みのきっかけ

　私たちは、社会課題に対してアクションを起こし、キャンペーンカンパニーとして世界中のさまざまな社会課題やメッセージを、商品を通してお客さまや社員に伝えてゆくことを大事にしています。2013年、ロシアでの反同性愛法が話題となった際に「当事者の人たちが苦しんでいるのはおかしい」といったUKのラッシュの仲間たちからの声をきっかけに、LGBTについても取り組んでいます。

　また弊社には、LGBTに限らず、もともとフィロソフィーとして「違い」を受け入れ合う文化が既にありました。学歴や国籍、その他さまざまな「違い」に関係なく能力のある人たちを採用しています。

### ◎LGBTに関する取組み

#### ①　メッセージの発信

　2013年、ウェブサイトでの発信を切り口にキャンペーンを始め、2014年にはウェブサイトに加えて店頭でのキャンペーンを実施し、商品を通じた発信活動を行いました。売上の全額がLGBT支援団体へ

の寄付に繋がる「♯GAY IS OK」というソープを販売した際には非常に大きな影響があって、多くのお客さまに手にとっていただきました。以降、各ショップが独自でセクシュアルマイノリティに対してのイベントを行うことも増え、社外だけでなく社内においても、活発に動きがみられたのには驚きました。

② 社内制度の改定

まず、同性パートナー登録制度を実施し、同性パートナーにも異性間の結婚と同じ待遇でお祝い金やお休みを付与しています。パートナー登録時に提出する書類の証人は親族などに限らず誰でも良いものとして、公的書類の提出も求めていません。いろんな愛の形を応援している企業としては当たり前のことと思って取り組んでいます。

③ 研修実施

2015年に、全管理職を対象にセクシュアルマイノリティに関する研修を取り入れました。キャンペーンを始めた際に、あるLGBTの社員から「誇りに思う」と嬉しいフィードバックをもらって、改めて社内外において具体的にどう接していくべきか、本質的に考えていく必要性を感じました。

④ 採用における配慮

リクルーティングポリシーに、人権の尊重はもちろんのこと、性的指向や性自認で差別しないことを明記しています。また、弊社の採用のエントリーフォーム上で性別欄をなくしています。韓国では、LGBTプライドパレードなどで応募フォーマットを配り、エントリーしてくれたLGBTの方たちに向けた採用イベントを行っています。

⑤ LGBTに関連する社外イベントへの参加・社外評価

「RAINBOW CROSSING TOKYO 2018」にスポンサーとしてブースを出展し、カンパニーとしての取組みやその必要性についてお話をしました。また「TOKYO RAINBOW PRIDE」をはじめ、各国のプライドイベントに参加をしています。

また、2017年にはPRIDE指標のゴールド賞を受賞しています。

## ⑥　社内風土の醸成

　私たちはカンパニー全体として、社会課題を変えていくことやメッセージを伝えていくことを1つのミッションとして掲げています。社内制度だけでなく世の中の課題としてとらえていくこと、またそれはLGBTに限らず多くの課題に対していえることだと思います。その中で、あらゆる矛盾を起こさせないこと。たとえば、商品においても無意味に男女で分けることはせず、書類などにおいても不必要な性別欄は加えないなど、小さな積み重ねをくりかえしていくことで、文化として社内に浸透していくことを大切にしています。

　また、とくにアライネットワークを形成してはいませんが、「みんなアライ」であると感じています。自分らしく働く仲間が社内にたくさんいるからこそ、LGBTを含めどんな違いに対しても「何がおかしいのだろう」といった捉え方の社員が多く在籍しているので、何かあった際にはいつでも相談できるような職場環境があると感じています。

## ◎トランスジェンダーに関する取組み

　トランスジェンダーの方の性別適合手術の際には傷病休暇を適用しています。また、トイレにおける配慮もしています。2015年に社内のトイレのサインを変更し、2017年には工場に誰でもトイレをつくりました。自社だけではなく、関連するロジスティックセンターでもトイレなどの設備に配慮してもらうことで、周囲を巻き込んでの環境づくりに取り組んでいます。

　トイレの改装の際は「男性は青や黒、女性は赤やピンク」といった色分けに心が痛む方もいるので、男女で色を決めつけないようにも心掛けました。これは設備だけでなく商品に対しても言えることですが、そもそも人とは2色ではなく色んな色があるはずです。そこで「男性用」「女性用」ではなく「用途」で分けるようにしています。

第7章 企業の取組み

トイレに関する取組み

## ◎社内外の反応

　取組みを始めてからもっとも嬉しかったのは、採用において応募の際に「LGBTに対してオープンでポジティブだから受けにきました」と言って来てくれる方が増えたことですね。今ではトランスジェンダーの方が何人働いているのか正確にはわからないくらい、セクシュアリティに対してフラットなカンパニーだと思います。異性愛者の方が何人いるかを数えないのと同様に、トランスジェンダーの方をわざ

わざ数えるといったこともしません。LGBTを含め「いろいろな違いがあって当たり前」という雰囲気はカンパニー全体に浸透しています。

また、他社さまと意見交換をする際に「トランスジェンダーに接客をさせるのはお客さまに不審感を与えるのでは」といったご懸念を耳にすることがあります。弊社ではトランスジェンダーの社員も店頭で接客をしていますが、お客さまからのマイナスのご意見は一切ありません。

## ◎これから取り組む企業へのメッセージ

一番は、何事においても「本質」を大事にしてほしいことです。弊社ではパートナー制度もつくったけれど、実は登録数があまり多くはありません。しかし、登録数が少なくてもよいと思っています。「つくったのだから登録しなさい！」というのはおかしなことで、それが機能しているかどうかよりも「そういった制度がある」ことを、社員全員に知ってもらうことがもっとも大事です。なぜつくっていて、それがあることでどういった人が助かるのか、本質を考えたらおのずと一番大切にすべきこともわかってくるのではないかと思います。LGBTに関することだけをやるのではなく、誰もが働きやすい職場環境を考えていくということも必要です。

また、「身近な人がハッピーになること」を繰り返していくことで、いつか大きなハッピーにつながっていくとも考えています。すぐそばにいても、LGBTの人がなかなか困りごとを言い出せない環境があったり、周りもなんて声を掛けたらいいかわからず解決に至らない、そういった状況が多くの企業で起こっていると思います。一歩踏み出し、目の前のその人が変わることで、環境を大きく変えていくことに繋がると思っています。

# 7·7　A　社

> 企業プロフィール：出版社
> 本　拠　地：東京都千代田区
> 従業員数：約80人（2017年3月31日現在）
> インタビュー概要：2017年12月11日実施。取締役部長1人にお話を伺いました。

### ◎トランスジェンダーに関する取組みのきっかけ

　2017年5月末に、社員から性別を移行したいという相談を寄せられたのがきっかけです。夏休みを利用して性別適合手術を受ける予定にしており、手術で休んでいる期間に社員に告知をしてもらえないかという強い要望がありました。「居場所がなくなるのは困る」という切実な思いを感じました。

　まったく知識もなく、何がわからないのかがわからない状況でしたが、この申し出を真剣に受け止めて対応することが、本人や周りの社員にとって良いのは明白であると考え、まずは情報収集から始めました。

　私たちは出版社ですから、やはり本を頼りにするんですね。しかし具体的な対応法などを記している本がなく、苦労しました。社労士にも相談しましたが、手続き的な面しかわかりません。より専門的な立場の方からのアドバイスをと考え、特定非営利活動法人虹色ダイバーシティへ相談しました。

### ◎取り組む上での困難

　5月末の申し出から、術後の職場復帰まであまり時間がなく、社員への周知期間がかなり短い状況でした。当初は全社員を集めて一度に

伝えることも考えましたが、ただ一方的に話しを伝えるだけでは対話が生まれず、社員1人ひとりの意識にも残らないため、「自分ごと」にはなりません。そこで、タイトなスケジュールではありましたが、本人の希望を十分に聞いて計画を立て、まずは直属の部課長、その次にハラスメント防止委員会、その後に各セクションで説明会、という流れで小グループごとに説明する場を設けて協力をお願いしました。

また、本人の希望はある程度わかっているつもりでしたが、よくよく話を聞いてみると「そうだったの」「そんなに深刻だったのか」と初めて気づくことが多かったです。こちらの思い込みだけで進めてはいけないなと、改めて感じました。印象的だったのは、私が相談のために本人に声をかけると、ニコニコと嬉しそうな表情を見せてくれていたことです。自分の思いを聞いてくれる、大事にしてくれると感じていたのでしょうか、本人もたいへん協力的でした。

### ◎社内外の反応

当該社員の申し出以前にはLGBTに関する取組み事例はありませんでした。弊社は従来から「他者を排除しない」という考えが共有されており、社内ハラスメント防止委員会によるさまざまな活動が定着しているほか、産休・育休制度は男女ともに取得実績があります。そうした環境のなか、社長をはじめ役員がいち早く社員からの申し出を承諾し、本人の「理解してほしい」「居場所がほしい」という気持ちを第一に優先しようという会社としての方針が定まりました。

本人の精神的ケア、周囲の社員の精神的ケアおよび理解、このことによるハラスメントの防止、法制上の問題、健康保険や厚生年金など諸々の手続き関係、トイレや更衣室など使用時の注意事項、あるいは、予想されるトラブルや解決策など、起こりえる事態と対処策を整理しながら進めていきました。

① 社内周知のステップ
a) 当該セクションの部課長との対話を通じて、協力の約束をいただく

b) ハラスメント防止委員会で説明。本件の取組みはハラスメント防止の視点からも重要として、委員会として協力するという約束をいただく
c) 社長から管理職に向けて、会社としてどう取り組むか説明をしていただく
d) 各セクションで説明会を開催
e) アルバイト・派遣社員も含めてトイレの使用について討議し、承諾をもらう

　その中で、全セクションほとんど異論・反論もなく、協力的だったことは本当に助かりました。背景には「排除しない」という会社の風土もあったかと思いますが、会社の考えを伝え、社員と一緒に話し合う場をつくったことが良かったのではないかと思います。

② 社員からの提案と協力

　社内への周知が行きわたったタイミングで、当該社員の同期数人から「私たちが結束して本人を支える」「不利益なことが本人に降りかからないように気持ちをフォローしたい」との申し出がありました。同期ですから本人の性格はよくわかっていますし、ランチタイムを一緒に過ごすなどの声かけをしてくれています。今までどおりに接することが大切ですよね。またハラスメント防止委員のメンバーも、本人が何か困っていることがないか常に気を配ってくれています。

　また社内から、会社が本人の望む性別で扱うのであれば、トイレも更衣室も自由に使えるようにすべきではないかという声が、どこからともなくあがりました。とくにトイレ使用については本人がもっとも心配していた点ですし、私たちから見える状況と、本人が感じる状況は異なります。まずはトイレ使用について1ヵ月ほど様子を見ていましたが、とくに問題は起こりませんでした。

　その後、更衣室の使用がスタートしています。違和感を持つ人、受け入れられない人を想定せずに全部決めてしまうと、反発が増幅してしまう恐れがあります。周囲が少しずつ慣れてから段階的に進めていくこと

も大事なので、ゆとりのある判断が必要な場合もあると思います。
③　社外の取引先に対して
　まずは事前に取引先へ電話で説明してから、上司から担当者へ直接詳細を伝えています。先方は驚いていたようですが、上司がしっかり伝えているので、今のところとくに問題は起きていないようです。

### ◎今後の取組み

　本人が職場に復帰した後、身体の痛みを訴えることはありますが、精神的な辛さはないようで、今はとても元気に働いてくれていて、ホッとしています。

　社内施策としては、2017年10月、ハラスメント防止規定の禁止行為の項目に「性的指向及び性自認を理由とする偏見や差別的な言動」を加えて改定しました。また、LGBTについての適切な知識がないと誤った判断につながりかねないので、今後は年に数回、社内での勉強会実施を計画しています。また、全従業員に実施しているハラスメントアンケートについても、LGBTの視点を加えた内容で実施したいと考えています。アンケートの実施そのものが、ハラスメントの抑制にもつながります。

　今後新しく入社してくる社員に対してどうするかも考えなければなりません。当該社員は現在、名前も含めて本人が自認する性別で働いています。本人の希望を聞きながら対応は考えていきたいと思います。

### ◎これから取り組む企業へのメッセージ

　本人が本当に苦しんできたこと、自分を理解してほしい、居場所がほしいと切実に思っていること、このことを周囲に理解してもらうことが重要だと感じています。「本人の気持ちを一番大事にしよう」という方針を決めて、取組みを進めてきた経緯を振り返ると、その点さえしっかりしていれば、後はなんとかなるのではと思います。

　そしてぜひ対話を重視してください。まずは本人の希望と状況を傾

聴し、実現可能なことはなるべく実現できるようにすること。私たちは、会社が何をやるのか、日程や内容を含めてすべてオープンにし、本人と相談しながら計画を立てていきました。同時に周囲との対話も重要で、小グループごとに進めるのがポイントだと思っています。小グループ単位で対話しながら理解を求め、全体に広げていくという方法をとったことが良い結果につながったのではないかと感じています。

# 7·8 株式会社LIXIL

> 企業プロフィール：建材・住宅設備機器の業界最大手の企業
> 設　　立：2001年10月1日
> 本 拠 地：東京都千代田区
> 従業員数：14,527人（2017年3月31日現在）
> インタビュー概要：2017年12月13日実施。トイレ事業を通した社会貢献として、性的マイノリティへの配慮を考えてきたLIXILのスペースプランニング部担当者にお話をうかがいました。

## ◎取組みのきっかけ

### ① グローバル視点の配慮検討を機に

2015年初頭、東京オリンピック・パラリンピック開催も念頭に、今まで検討してきた車椅子使用者や乳幼児連れ、高齢者、オストメイトなど、誰もが利用しやすいパブリックトイレ（オフィスや商業施設、交通施設など、公共の場におけるトイレのこと）の配慮に加え、グローバル視点での配慮も検討する必要があるのではないかと議論を進めていました。

その頃、米国においてLGBTとトイレの問題が注目を集めているというメディア記事を見かけました。当時LGBTについてはなにも知りませんでしたが、「そのうち日本でも取り組まなければいけない時期が来るかもしれない」と下調べをするうちに、トイレについて悩むLGBTなど性的マイノリティの状況が少しずつ見えてきました。しかし関連データや指針などの情報はまったくと言っていいほどありませんでした。

### ②「多機能トイレ」の機能分散

近年の多機能トイレは、車椅子使用者に限らず、親子連れや高齢

者、車椅子は使用していないが異性の介助者を伴う人、トランスジェンダーなど多様な利用者が集中してしまう傾向にあります。それを避けるため、国土交通省のバリアフリー法建築設計標準では、昨年度の改正にて多機能トイレの機能の一部（オストメイト、乳幼児連れ配慮）を一般トイレ内に分散させる方針が強化されました。

　東京オリンピック・パラリンピックを控えてトイレが整備される中、その流れが強まることは予測していましたが、「車椅子使用者以外の人たち、とくに保護者や介助者が異性であるケースや、トランスジェンダーなどの利用者が置き去りにされないだろうか」という懸念がありました。

　また、ユニバーサル・デザインについて長年研究を進めている有識者から、異性介助者を伴う発達障害者やトランスジェンダーなど性的マイノリティも利用しやすい「男女共用トイレ」の必要性が提起されるようになりました。

### ③　国内における多方面からの動き

　LGBT施策に取り組む企業の増加、文科省による教育現場での配慮指針、渋谷区や世田谷区などの自治体の施策など、性的マイノリティに関する多方面からの動きを背景に、建築現場におけるトイレの配慮に関する問い合わせも増加していました。また、弊社では「ひとりにいい、みんなにいい。」をテーマにユニバーサル・デザインに取り組んできました。

　このようなさまざまな背景を踏まえ、パブリックトイレのダイバーシティ＆インクルージョンを実現すべきであると考え、社内の関連部門にも相談し、助言を得た上で、性的マイノリティも含めたより多くの人たちが利用しやすいトイレづくりに貢献できるプロジェクトを実施したいと、社内でプレゼンを行いました。セクシュアリティに関する調査を伴うことから当初は心配の声も上がりましたが、有識者の発言や国内状況などが後押しとなり、実施が決定しました。

## ◎「性的マイノリティのトイレ問題を考えるプロジェクト」

プロジェクトのねらいとして、LGBTなど性的マイノリティが抱える「パブリックトイレにおける課題」を調査・研究によって明らかにし、その成果を広く公開することと、パブリックトイレ空間の提案を通じて多様な人たちがより生きやすい社会環境づくりに貢献することを掲げました。特定非営利活動法人虹色ダイバーシティと株式会社LIXILをプロジェクトメンバーとして、2015年9月から活動をスタートし、LGBT当事者へのWeb調査とヒアリング調査、専門医などへのヒアリング、パブリックトイレの計画に携わる方々への情報提供などを行いました。プロジェクトは2016年3月末日に終了しましたが、その後も建築関係者への情報提供を継続しています。

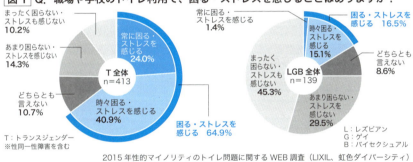

図1 Q. 職場や学校のトイレ利用で、困る・ストレスを感じることはありますか？

2015年性的マイノリティのトイレ問題に関するWEB調査（LIXIL、虹色ダイバーシティ）

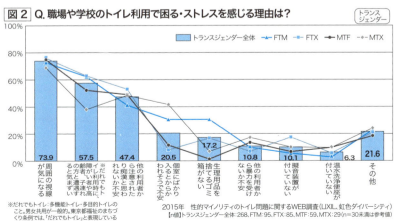

図2 Q. 職場や学校のトイレ利用で困る・ストレスを感じる理由は？

2015年　性的マイノリティのトイレ問題に関するWEB調査（LIXIL、虹色ダイバーシティ）
【n値】トランスジェンダー全体:268、FTM:95、FTX:85、MTF:59、MTX:29（n=30未満は参考値）

第7章 企業の取組み

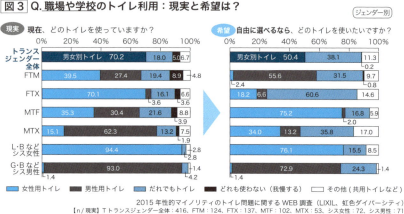

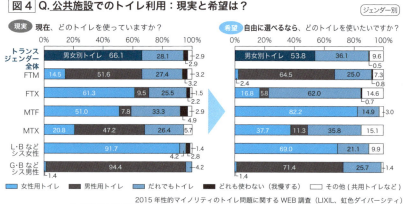

◎調査を通じて見えてきたもの

まず「LGBT」とひとくくりに語られがちですが、トイレ利用に関してとくにストレスを感じているのは「T」のトランスジェンダーであることがわかりました。さらに、本調査結果から4つの課題が見えてきました。

① 特有の困りごと・ストレスがある（図2）

周囲の視線が気になる、他の利用者から注意されたり、痴漢と思われたりしないか不安、生理用品を捨てるゴミ箱がないなど、日常的にさ

まざまな困りごとやストレスを抱えていることが明らかになりました。
② だれでもトイレ（男女共有の多機能トイレ・多目的トイレ）のニーズが全体的に高い（図3・4）
　一方で「利用時に気まずい」という声も多くありました。
③ FtM、MtFは性自認に沿った男女別トイレを希望している人が多い（図3・4）
　職場や学校のトイレ利用については、公共施設よりも現実と希望の差が大きく、希望のトイレを利用できていない人の割合が多いという結果が出ました。
④ どのトイレにも入れず、我慢する人がいる（図3・4）
　職場や学校では、公共施設よりもトイレを我慢する人が多く、とくに10代のトランスジェンダーに顕著でした。健康上でも懸念すべき課題です。
　利用したいトイレが利用できなかったり、我慢を強いられたりすることは、「人権」という視点からも非常に大きな課題であると認識しています。
※調査内容についてのニュースリリースは下記URLの公開資料を参照してください（http://newsrelease.lixil.co.jp/news/2016/020_water_0408_01.html）。

◎調査結果を踏まえて

　調査結果やヒアリングを踏まえ、パブリックトイレに関しては、従来の「多機能トイレ」を、「車椅子使用者優先トイレ」と、誰でも利用できる男女共用の個室トイレ「広めトイレ（車椅子使用者用のトイレほど広くはないが、一般のトイレブースよりやや広めの個室トイレ）」に分離し併設することや、動線の工夫などを提案しています。そうした環境づくりが、異性介助、異性の親子連れ、車椅子使用者、そしてトランスジェンダーの方など多様な人たちにとって、より利用しやすいトイレ空間につながるのではないかと考えています。また、2017年の弊社カタログ「パブリックトイレプラン集」には、LGBT

第7章 企業の取組み

## サスティナビリティへの取り組み —多様性の尊重—

LIXILグループは、様々な人びとの多様性の尊重に取り組んでいます。
特に、製品やサービスなどを通じて、
お客さまの生活の質の向上に貢献したいと考えます。

LIXILでは性的マイノリティに関して、社内外で様々な活動に取り組んでいます。

### ■ LGBT等性的マイノリティに関するテーマへの取り組み

**LGBT**
レズビアン(Lesbian/女性の同性愛者)、ゲイ(Gay/男性の同性愛者)、バイセクシュアル(Bisexual/両性愛者)、トランスジェンダー(Transgender/性別越境者)の英語の頭文字をとった、性的マイノリティの総称のひとつ。

**トランスジェンダー**
出生時の性別と、自らが認識している性別(心の性別)が一致しない人の総称。心の性別は、男性、女性だけでなく、どちらでもない、決めたくないなどのあり方は多様です。社会生活上、男性、女性を区別した場面でストレスを感じる方も多く、男女別のトイレもそのひとつに挙げられます。

LIXILでは、だれもが安心して、快適に利用できるパブリックトイレ空間をご提案するために、ユーザーの多様なニーズを反映できるよう、トイレにおける課題の分析を行っています。LGBT等性的マイノリティが抱えている「パブリックトイレ」の問題についても、調査を行いました。

### ■ 性的マイノリティの公共トイレ利用に関する意識調査結果

**Point 1** トランスジェンダーの6割以上が職場・学校のトイレの利用にストレスを感じている

Q 職場や学校のトイレ利用で困る・ストレスを感じることはありますか?

困る・ストレスを感じる 64.9%
常に困る・ストレスを感じる 24.0%
時々困る・ストレスを感じる 40.9%
あまり困らない・ストレスを感じない 14.3%
水漏れない・ストレスは感じない 10.2%
どちらともいえない 10.2%
n値=413 ※性同一性障害を含む

トランスジェンダーの約65%もの方が「職場や学校のトイレ利用で困る・ストレスを感じる」と回答。
トランスジェンダーは、心の性別とは異なる、戸籍上の性別のトイレを利用せざるを得ない場合もあり、トイレ利用時にストレスを感じることが多いと思われます。

**Point 2** 性別を気にせず利用できる「男女共用のだれでもトイレ」のニーズが高い

Q 自由に選べるなら、どのトイレを使いたいですか?〈職場や学校〉

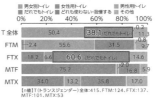

■男女別トイレ ■女性用トイレ ■男性用トイレ
■だれでもトイレ ■どれも使わない・我慢する ■その他

| | 0% | 20% | 40% | 60% | 80% | 100% |
|---|---|---|---|---|---|---|
| T全体 | | 50.4 | | 38.1 だれでもトイレ | 11.3 0.2 | |
| FTM | 2.4 | 55.6 | | 31.5 | 9.7 | 0.8 |
| FTX | 18.2 | 6.6 | 60.6 だれでもトイレ | | 14.6 | |
| MTF | | 75.2 | | 16.8 | 5.9 | 2.0 |
| MTX | 34.0 | 13.2 | 35.8 | | 17.0 | |

【n値】T(トランスジェンダー)全体:415、FTM:124、FTX:137、MTF:101、MTX:53

Male:男性
Female:女性
Xジェンダー:男女の枠にとらわれない性のあり方
FTM「Female To Male」の略称。出生時の身体的性別が女性だが、心が男性でいる人
FTX:出生時の身体的性別が女性のXジェンダー
MTF「Male To Female」の略称。出生時の身体的性別が男性だが、心が女性でいる人
MTX:出生時の身体的性別が男性のXジェンダー

トランスジェンダーの回答者のうち4割近くが、自由に選べるなら、性別を気にせずに入れる「だれでもトイレ※」の利用を望んでおり、高いニーズが明らかとなりました。自由回答では「だれでもトイレが複数ほしい」(FTX 20代)、「気軽に入れるだれでもトイレが良い。皆さんの理解が広まり、寛容になってほしい」(MTF 20代)など、「だれでもトイレ」への声が多く寄せられました。
※様々な人に配慮したトイレ。多機能トイレ、多目的トイレともいう。男女共用が一般的

| 調査 | 認定NPO法人虹色ダイバーシティ・株式会社LIXIL | 調査方法:WEBアンケート | 回答者数:624人 |
|---|---|---|---|
| 調査対象:日本在住の10歳以上の性的マイノリティ当事者の方 | | 実施期間:2015年11月24日〜12月24日 | 調査結果は下記のニュースリリースに掲載 |

性的マイノリティの多くが、従来の男女別トイレ利用でストレスを感じており、その解決策のひとつとして、男女共用の「だれでもトイレ」の利用という、新たなトイレ利用の実態が浮かび上がりました。
LIXILでは、これからも、だれもが安心して快適に利用できるトイレ空間の提案に取り組んで参ります。

詳しい調査結果報告はLIXILニュースリリースをご参照ください。
ニュースリリース http://newsrelease.lixil.co.jp/news/2016/020_water_0408_01.html
調査結果 http://newsrelease.lixil.co.jp/user_images/2016/pdf/nr0408_01_01.pdf

など性的マイノリティに関するページを設けました。

建築関係者からは「困っている人は何％いるのか」とよく尋ねられますが、困っている人の割合の高低で「配慮する・しない」が決まるわけではないはずです。「実際に困っている人がいる」という現実をまずは捉えてほしいと思います。

最近は、学会やセミナーなどさまざまな場で講演にお招きいただく機会が増えていますが、最後に必ず「アライ」についてお話ししています。とくに設計・建築関係者はハード面に関心が向きがちですが、性的マイノリティ、とくにトランスジェンダーについて適切な情報を知ること、そしてアライを増やすことが理解の広がりや当事者の方々の困りごと解決に欠かせないことなど、いわばソフトの面の重要性についても伝えています。

◎**新たな試みと今後の課題**

多様な利用者の困りごとに対する解決策のひとつとして、男女共用の個室トイレ「広めトイレ」という方向性は見えてきましたが、オフィスになると状況はまったく変わります。顔見知りと毎日会うことになるオフィストイレにおいては、周囲の理解やカミングアウトの有無などにより、単に「広めトイレ」を設けるだけでは解決できない問題があります。先の調査でも、トイレ利用についての現実と希望は、公共のトイレと職場のトイレで違いがありました。

そうした利用環境の違いを踏まえ、誰もが安心して快適に利用できるオフィストイレのあり方を研究するために、2017年7月、金沢大学とコマニー株式会社と共に「オフィストイレのオールジェンダー利用に関する研究会」を発足。先のプロジェクトを踏まえ、オフィストイレにフォーカスをあてた調査を行うことにしました。

※詳細はリンク先の公開資料を参照してください（http://newsrelease.lixil.co.jp/news/2017/070_company_0727_01.html）。

研究会では、オフィストイレでの困りごとのほか、男女共用の個室

トイレの可能性についても調査。トランスジェンダーなど性的マイノリティ当事者だけでなく、非当事者へもほぼ同じ内容の調査を実施し、比較する予定です。その他、LGBTなど性的マイノリティの従業員に対し、「会社や組織がなんらかの配慮や取組みを行うことについてどう思うか」、さらに非当事者へは「自身の職場の男女別トイレを、トランスジェンダーが性自認に沿って利用することについてどう思うか」などについても調査しています。

　本調査の結果は、2018年3月末以降に発表する予定です。調査結果はWebサイトなどでも公表予定ですので、ぜひご覧ください。

## ◎これから取り組む企業へのメッセージ

　トイレ利用についてストレスを抱えている人が、少しでも減ってほしいと考えています。建築業界での関心は、2017年以降急速に高まっている印象ですが、「どうしたらいいのかわからない」という声はまだまだ多く寄せられます。基本的には、一人ひとりの性自認とプライバシーが尊重され、利用者の意思に沿う選択肢があることが重要と考えています。

　最終的には、性自認に沿ったトイレを利用したり、多機能トイレを含めた男女共用トイレを利用したりすることが、当たり前に受け入れられるような社会になってほしいですね。それには、まずお互いに「正しく知る」ことが大切です。適切な情報を知らないと、誤解も生まれます。オフィストイレの研究会を通じて、非当事者が性的マイノリティについてさまざまな誤解をしていることに改めて気づきました。

　新しいトイレ環境が定着するには時間がかかるかもしれませんが、障害を持っている人、子育てをしている人、外国人、そして性的マイノリティの人など、社会にはいろんな人がいるということをお互いに知ることが、より良いトイレ環境につながるのではと思います。

## 7·9　TOTO株式会社

> 企業プロフィール：衛生陶器・住宅設備機器を製造するメーカー。日本では、トイレ、洗面器などの衛生陶器で約6割のシェアがある。
> 設　　　立：1917年5月15日
> 本　拠　地：福岡県北九州市小倉北区
> 従業員数：7,539人、連結ベース30,334人（2017年3月31日現在）
> インタビュー概要：2018年1月11日実施。プレゼンテーション推進部担当者1人、特販本部担当者1人、UD（ユニバーサルデザイン）推進担当者1人、広報担当者1人にお話をうかがいました。

◎取組みのきっかけ

　私たちはトイレ、バスルーム、システムキッチン、洗面化粧台など、住宅だけでなくパブリック施設向けの商品も品揃えする、水まわり住宅設備機器メーカーで、「すべての人が豊かで快適に暮らせる生活文化の創造」を企業理念に掲げています。事業のひとつに世の中の動きや人の変化を踏まえて、水まわりを使う人々のことを考え、喜ばれるトイレ空間全体についての提案活動があります。提案活動のなかで大切にしていることは、社会動向の兆しをいち早く捉えた提案を行って、パブリックトイレ[※]を進化させることです。

　パブリックトイレはかつて暗くて敬遠されがちな場所でしたが、今では快適なトイレ空間が建物の価値を左右するほどの時代になってきました。そのような背景から、2015年頃からお客さまやセールス部門からさまざまな質問が寄せられるようになっていました。「LGBTについてどう考えているのか」「トイレ新設にあたりどう考えるべき

か」「オフィスでLGBT配慮の多目的トイレを用意したいが個数はどれくらい必要か」など、その内容は多岐にわたりました。渋谷区など自治体による施策のスタートをきっかけに、関心が一気に加速していったような印象です。

　もともと弊社のお客さまの中には、社会の動きに対して高いアンテナを張っている方が多く、私たちが逆に教えていただくような形でLGBTなど性的マイノリティについて知っていくなかで、弊社としての考え方の形を見つける必要がありました。当時は関連する情報を何も持っていなかったので、まずはインターネットで情報収集をはじめ、当事者の方、NPO法人、自治体などへもヒアリング調査を行うことにしました。

※非住宅のトイレ全般をパブリックトイレと呼んでいます。

## ◎長年にわたるパブリックトイレへの取組みをベースに

　弊社では1960年代から障がい者配慮の取組みを皮切りに、90年代の乳幼児連れ・高齢者配慮、2000年代にはオストメイト配慮、視覚障がい者配慮の取組みを経て、「ユニバーサルデザイン」という視点にたどり着きました。TOTOユニバーサルデザインは「一人でも多くの人が使いやすい商品をお客様とともに。」という考えのもと、「姿勢・動作が楽」「わかりやすく簡単な操作」「使用者の違い・変化に対応」「快適」「安全」という5原則にまとめています。社会変化や法令と連動、あるいは先取りしながらモノづくり・提案活動を進化させています。

　モノづくり・提案においては、健常者、高齢者、障がい者、子ども、外国人などトイレを使う当事者がトイレ空間でどのように動作しているのか、検証から把握・理解することがとても重要です。専用のラボでそれぞれの動作を再現してもらい、課題を確認しています。また検証だけではなく、意識調査や事例調査なども踏まえて使用者のニーズを捉え、研究・商品開発、商品・プランニング提案、そして社会への働きかけを行っています。

## ◎実態調査に基づいたトイレ空間提案

　弊社の40年来にわたる蓄積をベースにLGBTなど性的マイノリティに関するさまざまな調査を行った結果、以下の課題が見えてきました。
・トランスジェンダーにとってトイレは深刻な問題であること
・周りの目を気にして利用していること
・男女別トイレが使えない人がいること
・公共施設と、職場や学校などの施設では悩みが異なること。施設に必要な配慮は用途別に分けて考える必要があること

　調べれば調べるほど当事者の悩みが深いことに気づき、そのストレスをどう緩和させるべきかを考えてきました。一方、社内では性的マイノリティにとってのトイレ問題がどこまで重要か、またどこまで配慮が必要かという議論がありました。私たちは社会動向の「兆し」をいち早くとらえた提案活動を重視していますが、当時は定量的に声が集まっていたわけでもなく、社内にどう理解を広げていくかは難しい課題でした。そのため、社内の認知度を上げていくことも同時並行で進めてきた結果、少しずつ理解が広がってきたように思います。

　2016年6月から、東京をはじめ大阪、名古屋、福岡と全国各地でパブリックトイレにおけるLGBT配慮についてのセミナーを実施しています。LGBTについての基礎知識、当事者の方々の生の声、配慮案や設置事例の紹介という構成です。とくに当事者の方々の声、たとえば「小さい頃からトイレに入るのが苦手だった」「コンビニの男女兼用トイレをよく使っていた」「1回外に出たら、公共のトイレに入らないくらいのつもりで」「トイレを我慢し続ける生活」といった生の声を映像でご紹介すると、参加者の皆さんの反応が目に見えて違います。同じ内容でも、文字だけで見るのと当事者の方の声を直接聞くのと、伝わり方や理解度が大きく異なります。プライベートな問題について顔を出して答えてくれた方々には本当に感謝しています。

　セミナー内容の満足度も高く、建築関係者だけでなく人事系の方が

セミナー風景

参加するケースが増えてきました。勉強したいというお客さまはまだまだ多い状況ですので、今後も続けていきたいと考えています。

◎調査結果や法令を踏まえて

　2017年3月のバリアフリー法「建築設計標準」改正に伴い、私たちは以前より進めていた機能分散のプラン提案を強化してきました。車いす使用者向けの配慮やオストメイト対応の流しやおむつ交換などの設備を多機能トイレに集中して設置するのではなく、一般トイレにも広めのブースを設けてそこへ配置するなど、利用者が1個所に集中しないように、トイレ全体にバランスよく分散して配置する考え方です。

　男女共用のトイレは、通常車いす使用者優先トイレや多機能トイレが多いのですが、機能分散の一環として、車いす使用者優先トイレとは別に、性的マイノリティ（トランスジェンダー）配慮として「男女共用 広めトイレ」の設置を提案しています。手洗い付きの個室完結型として一般トイレとはしつらえを変え、ベンチや内装の工夫など、付加価値機能をつけることによって当事者だけでなく誰もが使いたくなるような理由づけを加えることもあわせてお願いしています。

## 機能分散の配慮イメージ

機能分散の配置イメージ

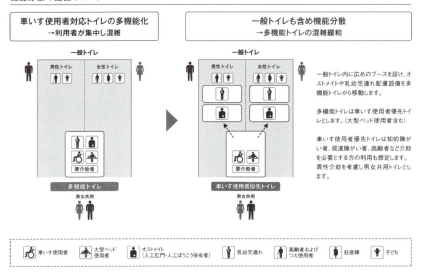

### 配慮案

#### 男女共用広めトイレの設置

車いす使用者優先トイレとは別に、性別を問わずさまざまな方が使用できる男女共用広めトイレの設置をおすすめします。

＜活用例＞・高齢者や発達障がい者への異性介助　・性的マイノリティー配慮として。
・個室で落ち着きたい方への配慮として（発達障がいなど）

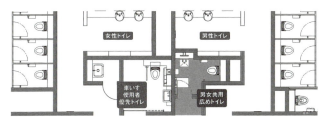

## ◎新たな試みと今後の課題

　2017年、今後の配慮提案に活かしていくことを目的に、商業施設におけるオールジェンダートイレの実態調査を実施しました。商業施設の協力のもと、男性用・女性用・オールジェンダートイレ・多機能ト

イレの利用者数とアンケート調査を行い、トイレを利用した多くの方に答えていただきました。すると、オールジェンダートイレと気づかずに使っている人と、知った上で使っている人それぞれで、オールジェンダートイレが思っていた以上にさまざまな方に使われている実態が把握できました。調査内容は今後、セミナー参加者やお客さまへの提案に活かしていきたいと考えています。

性的マイノリティ（トランスジェンダー）の方々はトイレ使用について動作の違いはありませんが、パブリックトイレに対する使いづらさやバリアを感じています。車いす使用者や高齢者のように動作として課題が見えるわけではないので、当事者の困りごとやニーズからスタートすることが何よりも大切です。この点をどう調べて解決していくか、今後のユニバーサルデザインの大きな課題として、引き続きチャレンジしていきたいと考えています。

### ◎これから取り組む企業へのメッセージ

私たちのヒアリング調査に参加してくれた当事者の方から、後日お礼のメールが届きました。「トイレという空間と存在に心から悩んでいた」「くつろぎを届けてもらったら、救われる人はたくさんいる」「このようなことに取り組んでくれる人の存在に胸が熱くなる思い」という内容で、この取組みが間違っていなかったことを確信しました。お客さまへの認知活動や配慮提案が、少しずつ広がってきている手応えもあり、今後も継続して取組みを進めていきたいと思います。

性的マイノリティの方のみならず、トイレ使用についてのお悩みは本当に繊細で多岐にわたります。

さまざまな使用者の声を直接聞き、困りごとやニーズに真摯に向き合うことで、1人でも多くの人が快適に、安心して使えるトイレを増やしていくことが重要だと考えます。

# 7・10　オムロン株式会社

> 企業プロフィール：日本の大手電気機器メーカー。センシング＆コントロール技術を核とした産業向け制御機器やシステム、電子部品のほか、ヘルスケア製品等を展開する「オムロングループ」の中核企業の役割を担う
> 設　　立：1948年5月10日
> 本 拠 地：京都府京都市
> 従業員数：4,443人、連結ベース36,008人（2017年3月31日現在）
> インタビュー概要：2017年12月11日実施。グローバル人財総務本部企画室 ダイバーシティ推進担当者1人にお話をうかがいました。

## ◎取組みのきっかけ

　2012年にダイバーシティ推進の専門部門を設置し、オムロングループで働くすべての人の活躍を目指して、まずは女性や障がいのある方々を中心に、そして2015年からは、LGBTのメンバーが活躍できる職場づくりを目指して取組みを進めてきました。

　LGBTに関する取組みのきっかけの1つとなったのは、日経ビジネスのLGBT特集（2015年8月発行）で、メディアなどを通じて少しずつ関連情報を目にするようになっていました。

　取組みを開始するにあたり、まず「LGBTとは？」を自分たちが理解することから始めることにしました。推進する私たちがLGBTについて、わかっているようでわかっていなかったからです。そこで、現状を知り、正しい理解を深め、会社としてできること、進めていくべきことの検討材料を探るために、2016年3月、人事・総務・採用担当者に向けた研修を、特定非営利活動法人虹色ダイバーシティに実施

いただきました。

### ◎ LGBTに関する取組み

研修は大きな反響を呼び、「自分たちにできることから取組みを始めよう」と参加メンバーたちの機運は高まりました。まず行ったのは、車椅子用トイレを誰もが使えるものにすること。「できることから」と社員の声から始まったこの取組みは、現在、オムロングループ全体へと広がりつつあります。その後もさまざまな取組みが進んできています。

① 社内規定等への明記

会社の基本方針（ポリシー）と会社HPに「国籍・宗教・婚姻の有無・性別・性的指向または性自認等・障がいの有無などに関わらず、個性や能力を存分に発揮し活躍できる企業になることを目指している」と明記しています。とくに会社HPでは、上記の内容を「社長メッセージ」として社内外に発信しています。

② 社内相談窓口の設置

社内窓口と社外窓口を設置しています。こうした体制整備を背景に、LGBT当事者からダイバーシティ推進グループや直属の上司に相談が寄せられる事例も出てきています。

③ トイレと制服の整備

社員からの声を受け、ジェンダーにかかわらず利用できるトイレの設置を行いました。また生産拠点で着用する制服は男女別になっていましたが、2018年1月から男女同じデザインの制服に変更しています。

「誰もが使えるトイレ」に貼られているサイン

### 2018年1月から導入した制服

#### ④ 社外イベントの開催

特定非営利活動法人虹色ダイバーシティと共同で、学生向けのイベント「LGBTフレンドリーな職場づくりのための意見交流会」を開催しました。オムロンのほか、数社の人事採用担当者と関西圏のLGBTサークルなどに所属する学生が参加。LGBTの学生たちとの意見交換や交流を通じて、学生の悩みや思いに直接触れ、より深い理解が得られました。

#### ⑤ 福利厚生制度の見直し

ファミリーオフィス見学や保養所の利用はすべての従業員に開放。また、性別により区分けしていた社員管理番号の採番ルールを見直しました。

### ◎トランスジェンダーに関する取組みについて

トランスジェンダーに関わる相談や申し出を受けた際は、本人の希望を聞き、設備の状況や規則などを踏まえて実現可能な対応から進めています。現場ではとくに問題や混乱は起きておらず、直属の上司を中心にしっかり対応してもらっています。ダイバーシティ推進の取組

### ◎取り組む上での困難

振り返っても、大きな困難はとくになかったように思います。「自分たちにできることから」という考えで進めてきて、ダイバーシティ推進の取組みが企業発展の原動力として社内に浸透していたという背景もあると思います。なにより、取組みが進むにつれて、トランスジェンダーの社員だけでなく、ゲイやレズビアンの社員によるカミングアウトの事例も出てきて、私たちが励まされています。

### ◎社内外の反応

人事・総務・採用担当者対象の研修後、労働組合執行メンバー、グループ全社員と、少しずつ研修対象の範囲を広げてきました。その中で伝えているのが、当事者にとっての「性自認」や「性的指向」は、マジョリティ同様に自然なことであることを理解し、当事者の気持ちのわかる人になってもらいたいということです。研修を通じて社員の偏見や無理解が少しずつ薄れつつあり、LGBTメンバーにとっても、悩みを相談したら受け入れてくれるという安心感が芽生えています。その結果、ダイバーシティ推進グループにも少しずつ相談案件が集まるようになってきました。

社外から「事例を教えてほしい」という問い合わせが寄せられるようにもなり、職場環境の改善を議論するカンファレンス「work with Pride 2017」で企業の取組みを評価するPRIDE指標のGOLDを受賞することもできました。

### ◎今後の取組み

私たちの取組みはまだ発展途上です。世の中のLGBTの方々の割合は6〜8％といわれています。当事者の方々が葛藤や抑圧を感じずに、創造的に働くことができる環境をつくるには、継続的に、そして進化

させていく必要があります。

また、社内だけでなく、入社を希望する学生やクライアントといったオムロンと関わりを持つ方々との取組みも必要となってくることでしょう。

これからも、LGBTの取組みを推進していくことを通じて、LGBTに限らず誰もがそれぞれの個性を発揮し、いきいきと働ける環境をつくっていくこと、そして企業として新たな価値を生み出す力につなげるために、進化し続けていきたいと考えています。

## ◎これから取り組む企業へのメッセージ

職場におけるLGBTの方の大きな悩みは、カミングアウトにまつわるものです。上司や同僚にカミングアウトできず、本来の自分を出すことができない状態では、コミュニケーションなどでストレスを感じる機会が多いと思います。また、会社に居場所がないと感じてしまい、能力を発揮できていない状況になっているのではないかと考えています。当事者1人ひとりの悩みは異なります。まずは話を聴いて、一緒に考えることからはじめています。

取組みを通じて感じていることは、次の3点です。まず、社内の当事者が相談できる環境が生まれてきたこと。次に、LGBTとひとくくりにするのではなく、個性も置かれている状況も違う当事者1人ひとりの話を聞き、対応することの必要性。最後に、施策を行うにあたり、当事者の方々の要望をすぐに実現できない場合があるということです。設備の投資や取組みの優先順位など、企業としてもそれぞれ事情を抱えているからです。しかし、そういった事情も含めて一緒に話し合うことで、信頼関係を築き、一緒に答えを見つけていくことが重要と考えています。

これからも、私たちに寄せられる多くの相談、その1件1件に向き合い、共に考え成長していきたいと思っています。

## 7・11　世田谷区役所

> プロフィール：東京都世田谷区は90万人が暮らし、職員約5,000人が働く自治体です。2015年より同性パートナーシップの宣誓を認める公的書類の発行を開始し、翌年より、区職員の同性カップルへも「結婚祝い金」を適用。2016年にはトランスジェンダー職員が性自認で働ける方針を明示するなど、性的マイノリティの区民・区職員双方への施策に取り組んでいます。
>
> インタビュー概要：2017年12月6日実施。世田谷区議、上川あやさんにお話をお伺いしました。

### ◎取組みのきっかけ

「性的マイノリティの区職員も、福利厚生は平等に」と最初に議論したのは、2015年2月の定例会でした。当時はまだ、区民向けの同性パートナーシップ制度の検討も本格化の前夜。東洋経済新報社のCSR調査で、LGBTへの対応方針をもつ企業が増えているなどのデータが公表されていたので、それらを援用して、区に善処を求めました。また当時、ハラスメント防止の文書に性的指向や性自認を盛り込む事例も増えつつあり、区役所のお隣、国士舘大学もその1つでした。それらを論拠にして、区にハラスメント防止の明文化を求めました。

それ以前から、私にカミングアウトをしてくれるLGBTの職員の方はいましたが、職場でセクシュアリティをあきらかにしていない方がほとんどでした。このため、LGBTの職員に関する議論は「該当者不在」の議論となりがちでした。職場でカミングアウトをするためには、それにより同等の権利が得られることや、カミングアウトをしてもハラスメントを受けない環境が、まずなければなりません。そこで、差別

を排する行政としてLGBTの職員への対応をフェアにすることこそ当然だというロジックから環境改善の提案をしました。

行政の職場対応は、社会が動いたあとの方が動きやすい一方で、「社会のあるべき姿」を率先するべきという立場もあります。そもそも行政実務の大原則の1つは平等原則です。そういうベースがあるからこそ、組織を動かしやすかったと思います。

◎**実施の内容**

同性パートナーを持つ職員への対応としては、以下の取組みがあります。まず、区が2015年6月の区議会で、区民向けの同性パートナーシップ宣誓書の取組み方針について報告をしました。それを受け、「区が区民の同性パートナーシップを認めるなら、同性をパートナーとする区職員の給付金制度も平等でなければならない」と議論を進め、2016年度から結婚祝金が支給できるようになりました。2017年度からは、弔慰金の支給も始まりました。

また、2017年6月には「同性カップルの区営住宅への入居を認める全国初の条例改正案」が可決されました。実は、同年2月から同条例案は区議会に提案されていましたが、「区民への周知が不十分」などと指摘する会派が出て、継続審議となっていました。これを受け、区が区民アンケートを実施すると、同性カップルの区営住宅の入居に肯定的な意見が過半数を占めたことなどから審議が再開され、全会一致での可決、成立へと至りました。

現条例の文言を変えず解釈のみ変えて、同性パートナーの入居をできるようにした自治体はありますが、公営住宅条例を同性パートナーのために改正したのは日本初の事例となりました。

トランスジェンダーの職員への対応としては、以下の取組みがあります。まず、2016年6月に、トランスジェンダーの職員が戸籍上の性別を変更しなくても、こころの性で働ける方針を議会の答弁で明示してもらいました。通称名の使用についても、職員から要望があれば

第7章 企業の取組み

適用する方針です。

　こころの性で働くにあたり、戸籍の性別変更をその前提条件とする企業、団体などもあるようですが、性別適合手術を受け戸籍を変更した人は、トランスジェンダーの約2割しかいないという調査結果もあることから実態に即していないと論じ、戸籍の性別に関わらない性自認重視の人事運用を求めました。

　また、トランスジェンダーの就労環境の向上に、トイレ環境の改善にも取り組んでいます。世田谷区の公共施設整備の独自基準では、異性介助可能な（性別不問の）多目的トイレの整備が、大規模建築物（施設）なら各フロアに1ヵ所以上、小規模な公共施設でも施設全体で1ヵ所以上の整備が基本とされ、区民が利用する公共施設の大半で既に性別を問わないトイレは整備されています。

　ところが、区議会の入居する区役所本庁舎の第2庁舎については築50年と古く、車いすなどでも使える個室型トイレ区画は、それぞれ男女別トイレの中にしかありません。この状態では、トランスジェンダー職員も使用しづらいことは明白であることから、区に善処を求めました。区議会での議論にあたっては、トランスジェンダーのみならず、高齢者、障がい者への「異性介助」の必要性からも性別を問わないトイレの整備が求められることを説きました。その結果、2016年末に改修工事が実施され、既存の男性トイレ内に引戸を入れて二分割し、障害者向けトイレ区画のある手前部分を性別不問トイレとし、その奥側、小便器と通常型個室の並ぶ部分を男性専用とすることで、大規模改修をせずとも改善が可能となりました。

　また、トイレのサインについても区のトランスジェンダーの職員と相談のうえ、新たなサインに付け替えました。

　次に、職員採用からの性別欄の削除についても進展がありました。2017年3月の私の質疑を受け、区は同年8月から職員採用（選考）の申込書式の性別欄を削除しました。ただし、世田谷区を含む特別区は、23区共通の特別区人事委員会を介さなければ正規採用はできな

いルールがあることから、今回はその一部、区に選考が委任されている専門職と非常勤職員についてのみの改善となりました。

◎他行政の反応と今後の取組み

他の行政でも、LGBTの職員への取組みがはじめられています。たとえば、東京都豊島区、沖縄県那覇市、千葉県千葉市、岐阜県関市などでも同性パートナーへの結婚祝金の給付が実現しました。また、職員住宅に同性パートナーも入居できるようになりました。

また、世田谷区では2017年春より、性別、性自認、性的指向、国籍、民族などを理由とした差別を禁止する包括的な人権に関する条例案の検討を進めています。その条例が成立したのちには、条例改正を必要とする同性パートナーをもつ職員の福利厚生面の平等——たとえば、介護休暇などの休暇制度を異性パートナーを持つ職員と平等にすることなども議会の理解をずっと得やすくなると予想しています。引き続き取組みを進めます。

◎これから取り組む企業の皆さまへ

共に机を並べる行政職員に権利の平等を保障し、ハラスメントの抑止を図ることは人事厚生分野の基本原則であるはずですが、これまで性的指向や性自認の多様性は見落とされてきました。しかし、2017年12月に改訂された「人事院規則10-10（セクシュアル・ハラスメントの防止等）の運用について」では、「性的な言動」に「性的指向若しくは性自認に関する偏見に基づく言動」が含まれ、その別紙の「セクシュアル・ハラスメントになり得る言動」の1つには、「性的指向や性自認をからかいやいじめの対象とすること」が明記をされました。2017年5月には、経団連も初めてLGBTへの差別禁止を会員企業に求める提言を公表しており、日本社会も急速に動き始めています。

「LGBTの当事者がいない」という状況のなかで取組みを推進することに意義があるのだろうか、などの疑問の声も聞こえますが、平等

と安全が担保されていない職場環境では、当事者が声をあげられないのは当然のことです。LGBTの職員が「いない」のではなく、言えない環境があるから「言えない」のだと、まず柔軟に発送を改めることから改革は始まります。人本来の多様性に敏感な企業はその社会的信用力を向上させ、市場への適応力もまた高めていくのだと思います。

# 第8章

# 座談会
## トランスジェンダーも働きやすい職場って、どんな職場?

Chapter 8

# 第8章 座談会

　本章では、トランスジェンダーの社会人経験者5人に、就活／就労における困りごと、嬉しかった対応や、トランスジェンダーにとっても働きやすい職場についてききました。

### ●プロフィール
- トム（23）：トランスジェンダー男性。経理会社勤務
- りょう（30）：ノンバイナリージェンダー（身体的性は男性）[*1)]。元アパレル勤務、現保険会社勤務
- タイガ（29）：MtXトランスジェンダー。臨床心理士として、スクールカウンセラーやジェンダーやセクシュアリティに関する大学相談機関に勤務
- ゆき（27）：トランスジェンダー女性。元建築会社勤務、現学生
- きょうへい（24）：トランスジェンダー男性。元不動産業界勤務、現NPO法人勤務

## ●就職活動・転職活動

**トム**：新卒でカミングアウトしながら就職活動をしていました。就活時は、男性ホルモンの投与を定期的に行っていたので声が低くなっていて、外見は男性に見られることが多かったのですが、戸籍の性別は女性だったので、履歴書には「トランスジェンダー男性です」と書いていました。性別欄は空欄、聞かれたら話すといった感じで、最終的に今の経理会社に内定をいただき入社を決めました。
　ほかに面接を受けた会社では、フランクに会話してくださるところもあれば、雰囲気が悪くなってしまったところもある、といった

---

*1) 自身のジェンダーを男性、女性のどちらかに限定しない人

感じでした。

**きょうへい**：私の場合は履歴書を自作していました。私も「トランスジェンダー男性です」とカミングアウトしながら就職活動をしていたので、「セクシュアリティ」という欄をつくって「からだの性」と「こころの性」でそれぞれ分け、「からだの性」には女性、「こころの性」には男性と書いて提出していました。

　しかし、大学指定の履歴書を求められたり、規定のエントリーシートがある場合は「女性」の欄に丸をつけていました。ただ、メンズスーツで面接に臨んでいたので、書類と見た目とのギャップから、セクシュアリティについて尋ねられることは多かったです。

　その結果、都内の不動産会社に内定をいただき、入社しました。

**りょう**：新卒就活は、ドロップアウトしました。幼い頃から、トランスジェンダーである自分は「働けない」と思っていましたし、「大学を卒業したら死のう」と思いながら生きていたのが正直な気持ちです。就活らしいことをしてみたこともあったのですが、男性用のスーツを着た自分の姿を鏡で見るたびに吐いてしまったりもありました。

　そして大学を卒業してから、私服での面接が可能なアパレル業界で面接を受けて、カミングアウトしながら5年間働いていました。なにか特別な配慮があったわけではなかったのですが、困ったことがあればいつでも相談できるような、そんな環境でした。

　また、転職活動をした際には、転職エージェントにトランスジェンダーであることをカミングアウトしました。私の場合は男女どちらかのスーツを着ることが苦痛だったため、そのことも伝えていました。エージェントの人には親身になって相談に乗っていただきました。企業に問い合わせてくださる方もいれば、「そういうわがままは転職においては通用しない」と言われてしまったりすることもあり、とても悲しかったです。

## ●職場環境、カミングアウト

**タイガ**：臨床心理士としてさまざまな職場で働いています。そのひとつがスクールカウンセラーです。職場ではカミングアウトしていないけれど、LGBTの人の支援経験があることは伝えてあります。周りもセクシュアリティについて触れてこないのですが、「聞かれたら言おうかな」くらいに思っています。

　ほかに、大学のジェンダーやセクシュアリティに関する支援機関でも働いていますが、こちらは面接時点からカミングアウトをしています。服装規定もないので、のびのび仕事をさせてもらっています。

**トム**：いわゆる保守的な会社でリベラルな雰囲気ではないのですが、「社員を大事にしよう」という社風が強く、私のセクシュアリティについても理解しようと努めてくださっているのを感じています。LGBTに関する取組みも、大々的に何かやっているわけではありませんが、私が入社したことをきっかけに、LGBTに関する研修を取り入れてくださいました。ただ、私自身から直接伝えていない層の人にも、私がトランスジェンダーであるということが知れわたっているケースがあって、非常に不安を覚えました。

　いわゆるメンズスーツを着て、男性社員として働いているのですが、人事担当者と直接の上司以外には、女性として生まれたことをカミングアウトしていません。自分のタイミングで打ち明けたいと思う人もいる中で、私の知らないところで情報が行き来しているというのはとても不安です。

**りょう**：アパレル業界から現在勤めている保険会社へ転職しました。前職ではカミングアウトしていましたが、現職ではカミングアウ

トは一切していません。入社して1年経つので周囲との関係性も深まってきて、今後カミングアウトするかどうかを迷っています。
社内のガイドラインには性的指向や性自認により差別しないことが明記されているので、この先もしハラスメントなどがあったとしても、「会社が守ってくれる」という安心感があります。

　服装もオフィスカジュアルなのがとても嬉しいです。メンズスーツだとやはり男性のシンボルのような感覚を覚えるため、自分にとっては抵抗感があります。

**ゆ　き**：以前働いていたのは、知人の紹介で入社したシェアハウス関係の建築会社でした。面接のときに、LGBTの人々に向けたシェアハウスを運営したいという提案とともに、社長と上司にはカミングアウトをしました。職場ではとてもよくしていただいていましたが、入社後1年以上経ってから「エッ、トランスジェンダーなの？」とその上司に驚かれたことは衝撃的でした。上司は、「LGBTの支援をしたい（シスジェンダーの）女性」だと認識していたようです。

　私の場合は戸籍上の性別も女性にし、名前も女性名に変更しているため、書面上の性別と見た目の性別にギャップがないからでしょうね。

# 第8章 座談会

**きょうへい**：僕が勤めていた会社は、LGBTに対応した制度がまったくと言っていいほど整っていませんでした。ただ、人事が1つひとつ僕の希望を聞いて、ルールや慣習に縛られずに対応してくれて、とても働きやすかったです。子育てしている従業員や、外国人従業員などもいて、もともと多様性を大事にする雰囲気があったので、制度こそなかったものの、職場で自分のセクシュアリティをわりとオープンにして働いていました。

## ●職場での困りごと

### 1. 設備などの男女分け

**トム**：健康診断で困りました。会社が持っている健康診断の施設に同期4人で一緒に行ったのですが、同期にはカミングアウトしていなかったため、とても焦りました。健康診断では着替えることもあるし、問診票に性別が書いてありますから。

事前に上司に相談をし、医療関係者にトランスジェンダーであることを伝えてもらって、ことが大きくならないようにとお願いしていたのですが、問診の先生や、施設の方には伝わっていなかったので大変でした。見た目と問診票上の性別とのギャップに対して、大きな声で何度も性別を問われたりして、「同期に知られてしまうのでは」とずっとひやひやしていました。

私のようにホルモン投与を受けている場合、検査すべき項目も異なる可能性があるので、今では、専門性の高い医療機関に個別で予約して好きな時間に行く方が安心だったと感じています。

また、社員旅行の温泉旅行の幹事を、新入社員が担当する際も困りました。上司に相談したときにも軽く流されてしまって、それ以上は深く相談できませんでした。結局は同期内のジャンケンで勝っ

て、なんとか温泉旅行の幹事は免れました。

**タイガ**：私の勤めている職場には「誰でもトイレ」があって、よく利用しているのですが、障害を持っている方のことを考えると遠慮して使えないこともあります。「どの性別の方でも利用できる共有トイレがあったらいいのに」と感じています。

　トイレを使うたびに、トイレ探しで困っています。「トイレにいきたいだけなのに、なんでこんなに困るんだろう、目的さえ達成されればそれでいいのに…」と毎回思っています。誰でもトイレなのだから誰でも使えばいいのに、困っていることが外見からはわからない人が使いにくいのはとても不思議です。

**ゆ　き**：私も、戸籍上の性別が男性で、見た目が女性だった頃には、お手洗いがいちばん困りました。男性用のお手洗いに入ると、見た目が女性よりなので振り返って二度見されることも多く、かといって女性用のお手洗いを使用すると、当時は戸籍上男性だったので、万が一問題になった場合に犯罪者扱いをされてしまうのではと、とても怖かったです。結局お手洗いに行くことを我慢してしまうことが多く、コンビニのトイレなど性別で分けられていないトイレに駆け込んだりしていました。誰もが望む性のトイレを使えたらいいのに、と感じています。

## 2. 制　度

**ト　ム**：性別適合手術を数年以内にしたいと思っていますが、職場に具体的な話はしていません。休暇は有給を取得できるだろうかと心配しています。また、異性間ならば結婚休暇などが適用されるのですが、自分とパートナーの場合には適応してもらえるのだろうか…など、制度に関しても心配事は多いです。

　自分が何か相談をして全社で議論になったとしても、実際の制度化までには長い時間を要するケースも少なくないので、困っている

その瞬間に利用できるものは正直少ないと感じています。1つひとつの私生活が、すべて一大プロジェクトとなってしまうというか…。やはり相談がなくても、LGBTの職員を想定した制度を検討いただいていれば、いざというときに相談しやすいです。

### 3. 周囲の無理解やハラスメント

**りょう**：私の場合は、重いものを運ぶ機会があるときに「男性なんだから、当然重いもの持てるでしょう？」と言われたことがあって、とても辛かったです。ふだん、業務をこなしている分には黙々と仕事をするのみで、性別が気になることはあまりないのですが、男性とも女性とも思っていない私にとっては、男性性を強調されているようで、違和感が大きかったです。

　また、仲良くなった職場の人から、「入社当時、りょうくんって"そっち系"なんじゃないの？　っていう噂があったよ」と冗談っぽく伝えられたときは、影で思われたり言われたりすることがあるんだと、とてもショックでした。

**ゆき**：会社に勤めていた頃、社長のことをとても尊敬していたのですが、他の社員との会話の中で「オカマ」という単語を使っている場面をみて、ショックを受けたことがありました。私のことも影でオカマって言っているのかなって思って嫌だったし、一瞬心臓がキュってなる感じでした。

　また、「セクシュアル・マイノリティ＝性的」と誤解をされている方もいて、性的な質問をされたことも困りました。

**タイガ**：性的なハラスメントは社員間だけでなく、クライアントとのやり取りの中でも起こりますよね。仕草や言動を見て「なんでそんなに女っぽいの？」や「おかまちゃんなの？」など、そういったことを聞かれると何も応えられなくて…。

カミングアウトの有無や範囲も環境ごとに違いますし、カミングアウトをするタイミングも自分で考えたいからこそ、そのときは「絶対言えない」と思ったりしてしまって。そうやって隠すことを続けていると円滑なコミュニケーションも難しくなり、業務に支障をきたすこともありますよね。

**ゆ　き**：戸籍上の性別も女性に変更しているので、カミングアウトする必要がないのではと言われることもあるのですが、言わざるを得ない場合もあります。たとえば、私は男子校の出身なので、学歴や学生時代の話になると、言わざるを得ない場合もあります。私はアウティング（セクシュアリティを当人の同意なく第三者に伝える行為）されて困ったこともありました。信頼していた人から広がってしまったりすることもあり、とても苦しかったです。

**タイガ**：カミングアウトしていない職場だと、何気ない会話で「結婚していないの？」と聞かれると、返答に困ります。チームだと思っているので、プライベートを開示することで円滑になることもあるのでしょうが、「どこまで開示しようかな」と思います。とくにXジェンダーは、トランスジェンダーの中でも認知度が低く、カミングアウトすることの難しさがあるように感じています。
　その反面、カミングアウトをしている職場では自分らしく働けるのですが、トランスジェンダーの代表のように扱われ、いろんな意見を求められることで窮屈に感じることもあります。

## ●職場で嬉しかったこと

**ト　ム**：就職活動をしていたときに、採用担当の人のご尽力で最終面接までこぎつけたことです。最初社内では「そういう人（トランス

ジェンダーの人）の採用はやめよう」などと言われていたらしいのですが、採用担当の方が役員まで繋げてくださったそうです。また入社以降、LGBTに関する研修制度も取り入れていただき嬉しく思っています。

**タイガ**：仕事において、たとえば自分が性的指向や性自認に関する職場の取組みについて問題意識を持っていたとしても、「それを伝えたらカミングアウトに繋がってしまうのではないか」などと不安で、問題を共有できないケースも多くあります。そこで、自分が会社に貢献できていないと感じてしまうけれど、相談しやすい職場かつカミングアウトできる環境であれば、改善点の共有もできるし、LGBTに限らずいろんな人にとって働きやすい職場環境づくりに、自分は貢献できていると感じます。

**ゆ き**：同じ派遣元から別のトランスジェンダーの人が入社して来たことがあったのですが、当時の上司が「あなたが仕事で頑張って認められたから同じ紹介先からまた取ろうって思えたし、それはあなた自身が証明したのだと思う」と言ってくださいました。その方のロールモデルになれたこともちろんですが、1人の社員として会社に貢献できたことが何より嬉しかったです。

**きょうへい**：入社を決めた会社では、面接の際に「男性とか女性とかよりも、きょうへいさんと仕事がしたいと私たちは思っています」と話していただいて、1人の人間として能力やスキルを評価してくれているんだな、と感じられて、とても嬉しかったのを覚えています。

入社後も、健康診断や泊まり込みの研修の際には「何か困ったことがあったらいつでも相談してね」と常に気にかけてくださっています。なにか特別な制度がある会社ではなかったのですが、いざというとき相談してもいいんだという安心感が何より心の支えだった

なぁと感じています。

## ●トランスジェンダーにとっても働きやすい職場とは

**タイガ**：「1人の人間として扱ってほしい」と思います。男性とか女性とか、シスジェンダーとかトランスジェンダーとかそういうカテゴリーに関係なく、人として共に働かせてほしいです。また採用の際も、その人の属性に関わらず、能力や人間性で採用してほしい。トランスジェンダーに限った話ではないのですけどね。

**きょうへい**：セクシュアリティにかかわらず、1人の人間として扱ってくれる会社が働きやすいと思います。採用活動の際も履歴書などの書類だけでセクシュアリティや人間性を判断せずに、ぜひ本人の話を対面で聞いていただけたら嬉しいです。そしてそれは、実際に働く上で困りごとが発生したときも同じで、まずは対面で話を聞いて、その人の困りごとに寄り添ってもらえたらとても嬉しいです。

具体的には、不必要な性別欄をなくしたり、もしくは選択肢を増やすなどの取組みがあったら嬉しいかな。更衣室やお手洗い、健康診断など、身体の性別について関与する場合は、もしカミングアウトしているトランスジェンダーの人がいる場合、その方に困りごとや希望がないかを聞いてみていただけるとありがたいです。ヒアリングなしに進めてしまうと、双方が望まない方向に制度だけが走っていってしまう可能性もあるので、そこで働く人が「良い」と思うものをやっていくのが一番だと思います。

**ゆ　き**：トランスジェンダーに向けた職場環境改善というと、「とりあえず誰でもトイレをつくって性別移行のサポートをして」となりがちですが、それだけではないと思っています。トランスジェンダーだからといって、なにか特別なことでもなければ、他の社員の方が特別でないわけでもありません。1人ひとり困りごとやニーズが異なり、その対応に正解がないからこそ、どんな方にも既存の制度や対応を臨機応変に対応いただけたら嬉しいです。固定したルールに人を当てはめるのではなく、人に合わせて柔軟にルールを変えていくことで、きっとどんな困りごとでも対応できるし、LGBTに限らず働きやすい職場になるのではと、感じています。

**ト　ム**：自分のセクシュアリティについて、職場の人に隠さずにいれる職場が理想です。つきつめると、LGBTへの理解が浸透していて、人権の課題だと知られていて、「身近な話題」として話せるとストレスがなくなるなと思います。

自分が入社したことで、LGBTの研修を導入していただきましたが、学んだその後に話し合う場もないし、話題も出てこない。不利益にならないようにしようって思っていただいてはいるけれど、仲間として受け入れる感じではありません。カミングアウトすることで「仲間」から「外の人」「かわいそうな人」になってしまうので

はないかというのが怖いのです。今の職場は、働けるけど、アライはいないように感じています。

**タイガ**：また、トランスジェンダーとして受け入れられて自分らしく働けたとしても、「男なら男らしく、女なら女らしく」というジェンダー規範が強いと、ジェンダーの壁により働きづらくなることもあると感じています。

**トム**：男性らしさを求められることで、自分らしくいられないこともあります。たとえば「男性アイドルが好きなことは言わないでおこう」とか「料理やお菓子をつくるのが好き」だとかは言いにくいですね。「サッカーはどのチームが好き？」と聞かれて、サッカーは好きではないのに、男らしくしなきゃと思ってムリに合わせたりしています。

**タイガ**：そうですね。社内でカミングアウトしていない場合も少なくないし、いざというときに相談できるネットワークやコミュニティ、カミングアウトせずとも日常的に声をあげられる場があると、よりいいと思います。

　頭で考えながら喋っている状態ってとても負担が大きいんです。たとえば「ここでは打ち明けていないから、これを言ったら変な顔をされてしまうのでは…」などと考えながら話したりしていると、時にはとっさに嘘をついたり、その人との深いコミュニケーションを避けてしまうこともあります。たとえば、カミングアウトをしている職場で休日の話になったときに、同性パートナーと休日を過ごした話ができたとき、「全人格として働ける」と安心したことを覚えています。

　やはり人と話す話題によっては、私情とかプライベートから切り離せないものも多いと思ってるので、そういった割り切れない部分

# 第8章 座談会

を、難なく自然に話せたらいいなぁと思います。「トランスジェンダーだから」という特権を求めているのではなく、他の職員と同様に安心・安全に働く権利がほしい。その権利はもちろんトランスジェンダーだけでなく、すべての社員に対してもあるものだからこそ、一緒に考えて進めていけたらいいのではないかと思います。

## 巻末資料

1 アンケート調査結果
2 参考文献・おすすめの書籍リスト
3 ミニ用語集
4 ヒアリングシート

Appendix

巻末資料

# 1 アンケート調査結果

　この記事は、野村證券株式会社が実施した「職場のトランスジェンダー対応」に関するアンケート結果をもとに再整理したものです。野村證券株式会社のご協力のもと、回答いただいた企業の了解を得て、掲載させていただきました。

## 1　株式会社NTTドコモ
情報・通信業　従業員数：単体7,616人

- ●これまで、トランスジェンダーの社員が職場での配慮を申し出て、対応をした実績はありますか？
- ・はい
- ●トランスジェンダーの社員が職場での配慮を申し出た際に、人事担当者が対応の参考にできるガイドラインや方針はありますか？
- ・はい
- ●職場において、理解促進のための取組みをしていますか？
- ・管理職向けに研修／説明会を行った
- ・e-ラーニングを提供した
- ・冊子やパンフレットを配布した
- ・理解促進のステッカーを配布した
- ・ホームページを作成した
- ●御社の差別禁止規定に「性的指向」や「性自認」「性表現」に関する記載はありますか？
- ・記載はない
- ●社員の性別情報について、記載をなくす、必要以上に開示されないようにするなど、何かしらの配慮をしましたか？
- ・配慮した（エントリーシートの性別欄を廃止）
- ●トランスジェンダーを始め、セクシュアルマイノリティの社員用の相談窓口を設置していますか？
- ・専門の窓口を設置している（他の相談窓口が兼ねている）
- ・社外の相談窓口を案内している
- ●社内の相談窓口の担当者にLGBTの研修を実施しましたか？
- ・実施した
- ●人事担当者向けにLGBT研修を実施したことはありますか？
- ・実施した
- ●人事担当者がトランスジェンダーの社員から相談を受けた場合、適切に対応できると思いますか？
- ・対応できる

## 2　株式会社丸井グループ
小売業　従業員数：5,732人

- ●これまで、トランスジェンダーの社員が職場での配慮を申し出て、対応をした実績はありますか？
- ・いいえ
- ●トランスジェンダーの社員が職場での配慮を申し出た際に、人事担当者が対応の参考にできるガイドラインや方針はありますか？
- ・作成を検討中
- ●職場において、理解促進のための取組みをしましたか？
- ・管理職向けに研修／説明会を行った
- ・配属部署向けに研修／説明会を行った
- ・全社員向けに研修／説明会を行った
- ・関係者に個別に説明した
- ・冊子やパンフレットを配布した
- ●御社の差別禁止規定に「性的指向」や「性自認」「性表現」に関する記載はありますか？
- ・はい
- ●社員の性別情報について、記載をなくす、

必要以上に開示されないようにするなど、何かしらの配慮をしましたか？
・配慮した（社内アンケートで性別の選択肢にその他を追加）
● トランスジェンダーを始め、セクシュアルマイノリティの社員用の相談窓口を設置していますか？
・はい
● 社内の相談窓口の担当者にLGBTの研修を実施しましたか？
・はい
● 人事担当者向けにLGBT研修を実施したことはありますか？
・実施した

### 3　株式会社LIXIL
金属製品　従業員数：単体15,000人、連結25,000人

● これまで、トランスジェンダーの社員が職場での配慮を申し出て、対応をした実績はありますか？
・はい
● トランスジェンダーの社員が職場での配慮を申し出た際に、人事担当者が対応の参考にできるガイドラインや方針はありますか？
・はい

### 4　キリン株式会社
食料品　従業員数：国内総合飲料事業6,282人、キリンホールディングス連結39,888人

● これまで、トランスジェンダーの社員が職場での配慮を申し出て、対応をした実績はありますか？
・いいえ
● トランスジェンダーの社員が職場での配慮を申し出た際に、人事担当者が対応の参考にできるガイドラインや方針はありますか？
・いいえ（ただし、トランスジェンダーの方が職場での配慮を申し出た際の他社事例などの情報や、各事業所独自判断・決定をせず本社などと密接連携して対応すべき全体方針は示している）
● 職場において、理解促進のための取組みをしましたか？
・管理職向けに研修／説明会を行った
・全社員向けに研修／説明会を行った
・関係者に個別に説明した
・冊子やパンフレットを配布した
・経営陣によるメッセージや取り組む意義の全グループ社員への発信・周知
● 御社の差別禁止規定に「性的指向」や「性自認」「性表現」に関する記載はありますか？
・ある（2017年7月1日付改訂で盛り込んだ）
● 社員の性別情報について、記載をなくす、必要以上に開示されないようにするなど、何かしらの配慮をしましたか？
・配慮した（採用面接官への講ずべき配慮に係る指導等を実施）
● トランスジェンダーを始め、セクシュアルマイノリティの社員用の相談窓口を設置していますか？
・他の相談窓口が兼ねている
● 社内の相談窓口の担当者にLGBTの研修を実施しましたか？
・実施した（社内や外部講師による研修に参加した）
● 人事担当者向けにLGBT研修を実施したことはありますか？
・実施した（人権研修やその他機会を活かしつつ、定期的に実施）
● 人事担当者がトランスジェンダーの社員から相談を受けた場合、適切に対応できると思いますか？
・対応できる

## 5　KDDI株式会社

情報・通信業　従業員数：14,000人

- ●これまで、トランスジェンダーの社員が職場での配慮を申し出て、対応をした実績はありますか？
- ・はい
- ●対応したトランスジェンダーの社員のセクシュアリティを教えてください。
- ・トランスジェンダー男性（女性から男性へ移行された社員）
- ・トランスジェンダー女性（男性から女性へ移行された社員）
- ●職場において、服装に対する配慮をしましたか？
- ・はい
- ●「はい」と回答された方は、どのような配慮をしましたか？
- ・ご自身が望む性別の服務規程を適用
- ●職場において、トイレに対する配慮をしましたか？
- ・本人が望む性別のトイレの使用を許可した
- ●寮や合宿研修などにおいて、宿泊所に対する配慮をしましたか？
- ・寮や合宿研修がない
- ●異動や配置転換などにおいて、何かしら配慮をしましたか？
- ・とくに要望がないため配慮していない
- ●職場において、理解促進のための取組みをしましたか？
- ・配属部署向けに研修／説明会を行った
- ・全社員向けに研修／説明会を行った
- ・e-ラーニングを提供した
- ●御社の差別禁止規定に「性的指向」や「性自認」「性表現」に関する記載はありますか？
- ・行動指針に記載
- ●社内の相談窓口の担当者にLGBTの研修を実施しましたか？
- ・全社員向けに実施している
- ●人事担当者向けにLGBT研修を実施したことはありますか？
- ・全社員向けに実施している
- ●人事担当者がトランスジェンダーの社員から相談を受けた場合、適切に対応できると思いますか？
- ・対応できる

## 6　J.P.モルガン

銀行業　従業員数：約1,100人

- ●これまで、トランスジェンダーの社員が職場での配慮を申し出て、対応をした実績はありますか？
- ・いいえ
- ●トランスジェンダーの社員が職場での配慮を申し出た際に、人事担当者が対応の参考にできるガイドラインや方針はありますか？
- ・はい
- ●職場において、理解促進のための取組みをしましたか？
- ・はい（加えて、ダイバーシティトレーニングおよびLGBTについてのアウェアネスセッションを実施）
- ●御社の差別禁止規定に「性的指向」や「性自認」「性表現」に関する記載はありますか？
- ・「性的指向」がある／記載予定
- ・「性自認」がある／記載予定
- ・「性表現」がある／記載予定
- ●社員の性別情報について、記載をなくす、必要以上に開示されないようにするなど、何かしらの配慮をしましたか？
- ・配慮した（グローバルポリシーに従い配慮）
- ●トランスジェンダーを始め、セクシュアルマイノリティの社員用の相談窓口を設置していますか？
- ・はい

- 社内の相談窓口の担当者にLGBTの研修を実施しましたか？
・実施した
- 人事担当者向けにLGBT研修を実施したことはありますか？
・実施した
- 人事担当者がトランスジェンダーの社員から相談を受けた場合、適切に対応できると思いますか？
・対応できる
- トランスジェンダーの社員から相談を受けた際に対応が難しかったことや、今後相談を受ける際に不安なことなどをお聞かせください。
・現時点で相談対応に不安はない

## 7　ソニー株式会社
電気機器　従業員数：連結128,400人

- これまで、トランスジェンダーの社員が職場での配慮を申し出て、対応をした実績はありますか？
・はい
- トランスジェンダーの社員が職場での配慮を申し出た際に、人事担当者が対応の参考にできるガイドラインや方針はありますか？
・はい（ダイバーシティステートメント）
- 対応したトランスジェンダーの社員のセクシュアリティを教えてください。
・トランスジェンダー女性（男性から女性へ移行された社員）
- 職場において、服装に対する配慮をしましたか？
・はい（男女別の服装規定がない）
- 職場において、トイレに対する配慮をしましたか？
・本人が望む性別のトイレの使用を許可した
・性別に関わらず使用できるトイレを設置してある
- 寮や合宿研修などにおいて、宿泊所に対する配慮はありますか？
・個室タイプの寮があり、性別に関わらず利用可能
- 異動や配置転換などにおいて、何かしら配慮はありますか？
・はい（個別の相談に応じている）
- 職場において、理解促進のための取組みをしましたか？
・管理職向けに研修／説明会を行う
・配属部署向けに研修／説明会を行う
・関係者に個別に説明する
- トランスジェンダーを始め、セクシュアルマイノリティの社員用の相談窓口を設置していますか？
・他の相談窓口が兼ねている
- 社内の相談窓口の担当者にLGBTの研修を実施しましたか？
・実施した（外部の研修に参加した）
- 人事担当者向けにLGBT研修を実施したことはありますか？
・実施した
- 人事担当者がトランスジェンダーの社員から相談を受けた場合、適切に対応できると思いますか？
・対応できる

## 8　損害保険ジャパン日本興亜株式会社
保険業　従業員数：26,380人

- これまで、トランスジェンダーの社員が職場での配慮を申し出て、対応をした実績はありますか？
・いいえ
- トランスジェンダーの社員が職場での配慮を申し出た際に、人事担当者が参考に

することができる、対応についてのガイドラインや方針はありますか？
・はい
●職場において、理解促進のための取組みをしましたか？
・全社員向けに研修/説明会を行った（任意参加のLGBT勉強会を実施するほか、全職場で実施する職場対話型のCSR研修にLGBTカリキュラムを追加した）
・冊子やパンフレットを配布した（虹色ダイバーシティの「職場におけるLGBT入門」を全職場へ配布した）
・その他（ALLY宣言カードを提供し、ALLYの見える化をしている）
●御社の差別禁止規定に「性的指向」や「性自認」「性表現」に関する記載はありますか？
・「性的指向」がある/記載予定
・「性自認」がある/記載予定
・「性表現」がある/記載予定
●社員の性別情報について、記載をなくす、必要以上に開示されないようにするなど、何かしらの配慮をしましたか？
・配慮した（採用エントリーシートに「その他」を追加）
●トランスジェンダーを始めセクシュアルマイノリティの社員用の相談窓口を設置していますか？
・他の相談窓口が兼ねている
●社内の相談窓口の担当者にLGBTの研修を実施しましたか？
・実施した
●人事担当者向けにLGBT研修を実施したことはありますか？
・実施した（2015年度より、毎年1回実施）
●人事担当者がトランスジェンダーの社員から相談を受けた場合、適切に対応できると思いますか？
・対応できる

## 9　R社

建設業　従業員数：15,000人

●これまで、トランスジェンダーの社員が職場での配慮を申し出て、対応をした実績はありますか？
・いいえ
●トランスジェンダーの社員が職場での配慮を申し出た際に、人事担当者が対応の参考にできるガイドラインや方針はありますか？
・いいえ
●職場において、理解促進のための取組みをしましたか？
・管理職向けの研修を実施
・人権啓発研修のテーマに追加
・イントラでの情報発信
●御社の差別禁止規定に「性的指向」や「性自認」「性表現」に関する記載はありますか？
・記載している
●社員の性別情報について、記載をなくす、必要以上に開示されないようにするなど、何かしらの配慮をしましたか？
・要望がないため配慮していない
●トランスジェンダーを始め、セクシュアルマイノリティの社員用の相談窓口を設置していますか？
・他の相談窓口が兼ねている
●社内の相談窓口の担当者にLGBTの研修を実施しましたか？
・実施した
●人事担当者向けにLGBT研修を実施したことはありますか？
・実施した
●人事担当者がトランスジェンダーの社員から相談を受けた場合、適切に対応できると思いますか？
・わからない

## 10　東京急行電鉄株式会社

陸運業　従業員数：4,402人

●これまで、トランスジェンダーの社員が職場での配慮を申し出て、対応をした実績はありますか？
・いいえ
●トランスジェンダーの社員が職場での配慮を申し出た際に、人事担当者が対応の参考にできるガイドラインや方針はありますか？
・はい（就業規則）
●御社の差別禁止規定に「性的指向」や「性自認」「性表現」に関する記載はありますか？
・はい
① 就業規則
就業規則にて、差別禁止を明文化しました。
② 死亡弔慰金支給規程
弔慰金受取人がLGBTのパートナーにも認められます。
③ そのほか運用面の変更
〈LGBTのパートナーでも利用できる制度〉
　・結婚休暇
　・忌引休暇
　・家族の看護のための休暇
●社員の性別情報について、記載をなくす、必要以上に開示されないようにするなど、何かしらの配慮をしましたか？
・配慮した（総合職エントリーシート等）
●トランスジェンダーを始め、セクシュアルマイノリティの社員用の相談窓口を設置していますか？
・専門の窓口を設置している（ダイバーシティ・LGBT相談窓口）
●社内の相談窓口の担当者にLGBTの研修を実施しましたか？
・実施した
●人事担当者向けにLGBT研修を実施したことはありますか？
・実施した（1回）
●人事担当者がトランスジェンダーの社員から相談を受けた場合、適切に対応できると思いますか？
・対応できる
・まずは、相手の話をしっかり聴くことから始める

## 11　日本生命保険相互会社

保険業　従業員数：70,000人

●これまで、トランスジェンダーの社員が職場での配慮を申し出て、対応をした実績はありますか？
・いいえ
●トランスジェンダーの社員が職場での配慮を申し出た際に、人事担当者が対応の参考にできるガイドラインや方針はありますか？
・はい
●職場において、理解促進のための取組みをしましたか？
・管理職向けに研修／説明会を行った
・配属部署向けに研修／説明会を行った
・全社員向けに研修／説明会を行った
・関係者に個別に説明した
・e-ラーニングを提供した
・冊子やパンフレットを配布した
・理解促進のステッカーを配布した
・ホームページを作成した
●御社の差別禁止規定に「性的指向」や「性自認」「性表現」に関する記載はありますか？
・「性的指向」がある
・「性自認」がある
・ダイバーシティ推進方針に明記
●社員の性別情報について、記載をなくす、必要以上に開示されないようにするなど、何かしらの配慮をしましたか？
・配慮した（採用エントリーシートなど）

- ●トランスジェンダーを始め、セクシュアルマイノリティの社員用の相談窓口を設置していますか？
- ・他の相談窓口が兼ねている
- ●社内の相談窓口の担当者にLGBTの研修を実施しましたか？
- ・実施した
- ●人事担当者向けにLGBT研修を実施したことはありますか？
- ・実施した
- ●人事担当者がトランスジェンダーの社員から相談を受けた場合、適切に対応できると思いますか？
- ・対応できる

## 12　野村證券株式会社

証券・商品先物取引業　従業員数：16,083人

- ●これまで、トランスジェンダーの社員が職場での配慮を申し出て、対応をした実績はありますか？
- ・はい
- ●トランスジェンダーの社員が職場での配慮を申し出た際に、人事担当者が対応の参考にできるガイドラインや方針はありますか？
- ・はい
- ●対応したトランスジェンダーの社員のセクシュアリティを教えてください。
- ・トランスジェンダー男性
- ●医学的な治療に関わる配慮をしましたか？
- ・配慮は今後想定している
- ●職場において、服装に対する配慮をしましたか？
- ・はい（性自認にもとづく服装を許可した）
- ●職場において、トイレに対する配慮をしましたか？
- ・本人が望む性別のトイレの使用を許可した
- ●寮や合宿研修などにおいて、宿泊所に対する配慮をしましたか？
- ・本人が望む性別の寮の使用を許可した
- ・個室を手配した
- ●異動や配置転換などにおいて、何かしら配慮をしましたか？
- ・要望がないため配慮していない
- ●職場において、理解促進のための取組みをしましたか？
- ・管理職向けに研修／説明会を行った
- ・配属部署向けに研修／説明会を行った
- ・全社員向けに研修／説明会を行った
- ・関係者に個別に説明した
- ・e-ラーニングを提供した
- ・冊子やパンフレットを配布した
- ・理解促進のステッカーを配布した
- ・ホームページを作成した
- ●御社の差別禁止規定に「性的指向」や「性自認」「性表現」に関する記載はありますか？
- ・「性的指向」がある
- ・「性自認」がある
- ●社員の性別情報について、記載をなくす、必要以上に開示されないようにするなど、何かしらの配慮をしましたか？
- ・配慮した
- ●トランスジェンダーを始め、セクシュアルマイノリティの社員用の相談窓口を設置していますか？
- ・専門の窓口を設置している（社員ネットワーク事務局に相談窓口を設置している）
- ・他の相談窓口が兼ねている
- ・社外の相談窓口を案内している
- ●社内の相談窓口の担当者にLGBTの研修を実施しましたか？
- ・実施した
- ●人事担当者向けにLGBT研修を実施したことはありますか？
- ・実施した
- ●人事担当者がトランスジェンダーの社員から相談を受けた場合、適切に対応できると思いますか？
- ・対応できる
- ●トランスジェンダーの社員から相談を受

けた際に対応が難しかったことや、今後相談を受ける際に不安なことなどをお聞かせください。
・社内向けに「トランスジェンダー対応ガイドブック」を公開しているが、その情報が行きわたらない範囲で対応が行われないよう周知徹底することが大事だと思っています。

## 13　パナソニック株式会社
電気機器　従業員数：単体約60,000人

●これまで、トランスジェンダーの社員が職場での配慮を申し出て、対応をした実績はありますか？
・はい
●トランスジェンダーの社員が職場での配慮を申し出た際に、人事担当者が対応の参考にできるガイドラインや方針はありますか？
・はい
●対応したトランスジェンダーの社員のセクシュアリティを教えてください。
・わからない
●職場において、理解促進のための取組みをしましたか？
・管理職向けに研修／説明会を行った
・関係者に個別に説明した
・冊子やパンフレットを配布した
・理解促進のステッカーを配布した
・ホームページを作成した
●御社の差別禁止規定に「性的指向」や「性自認」「性表現」に関する記載はありますか？
・「性的指向」がある
・「性自認」がある
●社員の性別情報について、記載をなくす、必要以上に開示されないようにするなど、何かしらの配慮をしましたか？
・配慮した（研修受講者リスト等、一般社員が目にするもので、特段性別欄の必要がないものは非掲載にしています）
●トランスジェンダーを始め、セクシュアルマイノリティの社員用の相談窓口を設置していますか？
・他の相談窓口が兼ねている
・社外の相談窓口を案内している
●社内の相談窓口の担当者にLGBTの研修を実施しましたか？
・実施した
●人事担当者向けにLGBT研修を実施したことはありますか？
・実施した（2回）
●人事担当者がトランスジェンダーの社員から相談を受けた場合、適切に対応できると思いますか？
・わからない
・確実な対応ができるという慢心はなく、定期的に学習の機会を持つとともに、社内関係部門間で連携相談できる体制としています。

## 14　富士通株式会社
電気機器　従業員数：33,000人

●これまで、トランスジェンダーの社員が職場での配慮を申し出て、対応をした実績はありますか？
・はい
●トランスジェンダーの社員が職場での配慮を申し出た際に、人事担当者が対応の参考にできるガイドラインや方針はありますか？
・はい
●対応したトランスジェンダーの社員のセクシュアリティを教えてください。
・トランスジェンダー女性　ほか
●医学的な治療に関わる配慮をしましたか？
・治療前後の休暇、通院への配慮、復職後

の業務量調整
- 取扱い上、一般の病気欠勤と同様に対応
● **職場において、服装に対する配慮をしましたか？**
- はい（本人の意向を尊重し、性自認に基づく服装）
● **職場において、トイレに対する配慮をしましたか？**
- 本人が望む性別のトイレを使用
- 移行中を含め、性別に関わらず使用できるトイレを案内
- 多目的トイレ前の表示は、様々な人の使用について理解を求める表現とした。
● **異動や配置転換などにおいて、何かしら配慮をしましたか？**
- 本人の希望を踏まえ、個々に対応。基本的に職場の理解を求める対応をしている
● **職場において、理解促進のための取組みをしましたか？**
- 管理職向けに研修／説明会を行った
- 全社員向けに研修／説明会を行った
- 関係者に個別に説明した
- e-ラーニングを提供した
- 冊子やパンフレットを配布した
- ホームページを作成した
- 希望参加形式で、アライを広げるセミナーを開催した
- 理解促進のための取組みは今後も継続していく
● **御社の差別禁止規定に「性的指向」や「性自認」「性表現」に関する記載はありますか？**
- 「性的指向」がある／記載予定
- 「性自認」がある／記載予定
● **社員の性別情報について、記載をなくす、必要以上に開示されないようにするなど、何かしらの配慮をしましたか？**
- 配慮した（必要のない情報を収集していないか、社内フォーマットを確認した）
● **トランスジェンダーを始め、セクシュアルマイノリティの社員用の相談窓口を設置していますか？**
- 他の相談窓口が兼ねている
  人権相談窓口で、性的指向や性自認に関して社内調整を求める場合等も広く相談を受け付ける旨、イントラサイトに掲載している。
● **社内の相談窓口の担当者にLGBTの研修を実施しましたか？**
- 実施した（相談窓口担当者、管理職を対象に、定期的な研修会を開催している）
● **人事担当者向けにLGBT研修を実施したことはありますか？**
- 実施した（人事担当者に向けた研修のほか、さまざまな機会をとらえて社員全員に広く周知・啓発している）
● **人事担当者がトランスジェンダーの社員から相談を受けた場合、適切に対応できると思いますか？**
- 対応できる（ただし、個々のケースに適した対応をするため関係者・関係部門で連携して対応できる体制にしている）

## 15　明治安田生命
保険業　従業員数：約40,000人

● **これまで、トランスジェンダーの社員が職場での配慮を申し出て、対応をした実績はありますか？**
- いいえ
● **トランスジェンダーの社員が職場での配慮を申し出た際に、人事担当者が対応の参考にできるガイドラインや方針はありますか？**
- はい
● **職場において、理解促進のための取組みをしましたか？**
- 全社員向けに研修／説明会を行った
- 勉強会資料を作成・配布した
- 理解促進のステッカーを配布した

- ●御社の差別禁止規定に「性的指向」や「性自認」「性表現」に関する記載はありますか？
- ・記載がある：「性的指向」がある、「性自認」がある
- ・記載予定：「性表現」がある
- ●社員の性別情報について、記載をなくす、必要以上に開示されないようにするなど、何かしらの配慮をしましたか？
- ・配慮した（新卒採用向けセミナー時アンケート用紙の性別記入欄について、任意記載とする注意書きを追加した）
- ●トランスジェンダーを始め、セクシュアルマイノリティの社員用の相談窓口を設置していますか？
- ・専門の窓口を設置している
- ●社内の相談窓口の担当者にLGBTの研修を実施しましたか？
- ・実施した
- ●人事担当者向けにLGBT研修を実施したことはありますか？
- ・実施した
- ●人事担当者がトランスジェンダーの社員から相談を受けた場合、適切に対応できると思いますか？
- ・対応できる

### 16　B社
証券・商品先物取引業　従業員数：約9,000人

- ●これまで、トランスジェンダーの社員が職場での配慮を申し出て、対応をした実績はありますか？
- ・はい
- ●トランスジェンダーの社員が職場での配慮を申し出た際に、人事担当者が対応の参考にできるガイドラインや方針はありますか？
- ・はい
- ●医学的な治療に関わる配慮をしましたか？
- ・配慮していない
- ●職場において、服装に対する配慮をしましたか？
- ・はい
- ●職場において、トイレに対する配慮をしましたか？
- ・性別に関わらず使用できるトイレを使用するようにした
- ●寮や合宿研修などにおいて、宿泊所に対する配慮をしましたか？
- ・要望がないため配慮の必要がない
- ●異動や配置転換などにおいて、何かしら配慮をしましたか？
- ・配慮した
- ●職場において、理解促進のための取組みをしましたか？
- ・e-ラーニングを提供した
- ・社内イントラネットにサイトを作成した
- ●御社の差別禁止規定に「性的指向」や「性自認」「性表現」に関する記載はありますか？
- ・記載がある
- ●社員の性別情報について、記載をなくす、必要以上に開示されないようにするなど、何かしらの配慮をしましたか？
- ・配慮した（社内電話帳の氏名文字の色を統一した）
- ●トランスジェンダーを始め、セクシュアルマイノリティの社員用の相談窓口を設置していますか？
- ・設置している
- ●人事担当者向けにLGBT研修を実施したことはありますか？
- ・実施した
- ●人事担当者がトランスジェンダーの社員から相談を受けた場合、適切に対応できると思いますか？
- ・対応できる

## 17　清水建設株式会社

建設業　従業員数：10,819人

- これまで、トランスジェンダーの社員が職場での配慮を申し出て、対応をした実績はありますか？
  - いいえ
- トランスジェンダーの社員が職場での配慮を申し出た際に、人事担当者が対応の参考にできるガイドラインや方針はありますか？
  - はい
- 職場において、理解促進のための取組みをしましたか？
  - 管理職向けに研修／説明会を行った
  - 人事担当者向けに研修を行った
- 御社の差別禁止規定に「性的指向」や「性自認」「性表現」に関する記載はありますか？
  - 「従業員の多様性・人格・個性を尊重し、差別の禁止、セクシャルハラスメントの禁止」という記載に含んでいる
- 社員の性別情報について、記載をなくす、必要以上に開示されないようにするなど、何かしらの配慮をしましたか？
  - 原則として性別は開示していない
- トランスジェンダーを始め、セクシュアルマイノリティの社員用の相談窓口を設置していますか？
  - 専用の相談窓口を設置している
- 社内の相談窓口の担当者にLGBTの研修を実施しましたか？
  - 外部の研修を実施した
- 人事担当者向けにLGBT研修を実施したことはありますか？
  - 実施した
- 人事担当者がトランスジェンダーの社員から相談を受けた場合、適切に対応できると思いますか？
  - 対応できる

## 18　D社

サービス業　従業員数：単体6,500人

- これまで、トランスジェンダーの社員が職場での配慮を申し出て、対応をした実績はありますか？
  - いいえ
- トランスジェンダーの社員が職場での配慮を申し出た際に、人事担当者が対応の参考にできるガイドラインや方針はありますか？
  - いいえ
- 職場において、理解促進のための取組みをしましたか？
  - 全社員向けに研修／説明会を行った
  - 理解促進のステッカーを配布した
  - ホームページを作成した
- 御社の差別禁止規定に「性的指向」や「性自認」「性表現」に関する記載はありますか？
  - 「性的指向」がある／記載予定
- 社員の性別情報について、記載をなくす、必要以上に開示されないようにするなど、何かしらの配慮をしましたか？
  - 要望がないため配慮していない
- トランスジェンダーを始め、セクシュアルマイノリティの社員用の相談窓口を設置していますか？
  - 設置していない
- 社内の相談窓口の担当者にLGBTの研修を実施しましたか？
  - 実施した（外部の研修に参加した）
  - Ｄ＆Ｉ推進担当者は外部のセミナーにいくつも参加している
- 人事担当者向けにLGBT研修を実施したことはありますか？
  - 実施していない
- 人事担当者がトランスジェンダーの社員から相談を受けた場合、適切に対応できると思いますか？

- わからない
- 人事のダイバーシティ推進担当であれば対応可能(限られている)

●トランスジェンダーの社員から相談を受けた際に対応が難しかったことや、今後相談を受ける際に不安なことなどをお聞かせください。
- 現時点でトイレの追加設置は困難

## 19　F社
情報・通信業　従業員数：2,763人

●これまで、トランスジェンダーの社員が職場での配慮を申し出て、対応をした実績はありますか?
- はい

●トランスジェンダーの社員が職場での配慮を申し出た際に、人事担当者が対応の参考にできるガイドラインや方針はありますか?
- はい

●医学的な治療に関わる配慮をしましたか?
- 現状具体的な要望なし

●職場において、服装に対する配慮をしましたか?
- はい

●職場において、トイレに対する配慮をしましたか?
- 現状のトイレを性別に関わらず使用できるように変更した

●寮や合宿研修などにおいて、宿泊所に対する配慮をしましたか?
- 現状、具体的な要望はなし

●職場において、理解促進のための取組みをしましたか?
- 管理職向けに研修／説明会を行った
- 全社員向けに研修／説明会を行った
- 関係者に個別に説明した
- e-ラーニングを提供した
- 冊子やパンフレットを配布した
- 理解促進のステッカーを配布した
- ホームページを作成した

●御社の差別禁止規定に「性的指向」や「性自認」「性表現」に関する記載はありますか?
- 「性自認」がある
- 「性表現」がある

●社員の性別情報について、記載をなくす、必要以上に開示されないようにするなど、何かしらの配慮をしましたか?
- 配慮した(勤務管理システム等、管理上性別が関係ないものは非表示にする等の検討、採用時のESの性別欄の廃止、アンケート時に性別記載欄に無回答を追記)

●トランスジェンダーを始め、セクシュアルマイノリティの社員用の相談窓口を設置していますか?
- 専門の窓口を設置している

●社内の相談窓口の担当者にLGBTの研修を実施しましたか?
- 実施した

●人事担当者向けにLGBT研修を実施したことはありますか?
- 実施した

●人事担当者がトランスジェンダーの社員から相談を受けた場合、適切に対応できると思いますか?
- 対応できる

●トランスジェンダーの社員から相談を受けた際に対応が難しかったことや、今後相談を受ける際に不安なことなどをお聞かせください。
- 当事者への配慮と、企業全体の秩序維持(その他の社員への配慮)のバランスを意識し、誰もが働きやすい環境づくりを図っていくこと

## 20　G社

従業員数：7,000人

- ●これまで、トランスジェンダーの社員が職場での配慮を申し出て、対応をした実績はありますか？
  - ・はい
- ●トランスジェンダーの社員が職場での配慮を申し出た際に、人事担当者が対応の参考にできるガイドラインや方針はありますか？
  - ・はい
- ●対応したトランスジェンダーの社員のセクシュアリティを教えてください。
  - ・トランスジェンダー男性（女性から男性へ移行された社員）
- ●医学的な治療に関わる配慮をしましたか？
  - ・ホルモン治療のための休暇
  - ・性別適合手術のための休暇
- ●職場において、服装に対する配慮をしましたか？
  - ・はい（本人の望む性別の服装着用を許可）
- ●職場において、トイレに対する配慮をしましたか？
  - ・本人が望む性別のトイレの使用を許可した
- ●寮や合宿研修などにおいて、宿泊所に対する配慮をしましたか？
  - ・治療期間中の研修は、本人希望のもと不参加とした
- ●異動や配置転換などにおいて、何かしら配慮をしましたか？
  - ・配慮した（配慮異動）
- ●職場において、理解促進のための取組みをしましたか？
  - ・関係者に個別に説明した
  - ・e-ラーニングを提供した
- ●御社の差別禁止規定に「性的指向」や「性自認」「性表現」に関する記載はありますか？
  - ・「性的指向」がある／記載予定
  - ・「性自認」がある／記載予定
- ●社員の性別情報について、記載をなくす、必要以上に開示されないようにするなど、何かしらの配慮をしましたか？
  - ・要望がないため配慮していない
- ●トランスジェンダーを始め、セクシュアルマイノリティの社員用の相談窓口を設置していますか？
  - ・他の相談窓口が兼ねている
  - ・社外の相談窓口を案内している
- ●社内の相談窓口の担当者にLGBTの研修を実施しましたか？
  - ・実施した（外部の研修に参加した）
- ●人事担当者向けにLGBT研修を実施したことはありますか？
  - ・実施した
- ●人事担当者がトランスジェンダーの社員から相談を受けた場合、適切に対応できると思いますか？
  - ・わからない
- ●トランスジェンダーの社員から相談を受けた際に対応が難しかったことや、今後相談を受ける際に不安なことなどをお聞かせください。
  - ・個人個人で希望することが異なるため、画一的な対応はできず、すべて個別対応となること

## 21　H社

従業員数：約30,000人

- ●これまで、トランスジェンダーの社員が職場での配慮を申し出て、対応をした実績はありますか？
  - ・いいえ
- ●トランスジェンダーの社員が職場での配慮を申し出た際に、人事担当者が対応の参考にできるガイドラインや方針はありますか？

- いいえ
- ●職場において、理解促進のための取組みをしましたか?
- ・管理職向けに研修/説明会を行った
- ・e-ラーニングを提供した
- ●御社の差別禁止規定に「性的指向」や「性自認」「性表現」に関する記載はありますか?
- ・記載はない
- ●社員の性別情報について、記載をなくす、必要以上に開示されないようにするなど、何かしらの配慮をしましたか?
- ・要望がないため配慮していない
- ●トランスジェンダーを始め、セクシュアルマイノリティの社員用の相談窓口を設置していますか?
- ・他の相談窓口が兼ねている
- ●社内の相談窓口の担当者にLGBTの研修を実施しましたか?
- ・実施していない
- ●人事担当者向けにLGBT研修を実施したことはありますか?
- ・実施していない
- ●人事担当者がトランスジェンダーの社員から相談を受けた場合、適切に対応できると思いますか?
- ・わからない
- ●トランスジェンダーの社員から相談を受けた際に対応が難しかったことや、今後相談を受ける際に不安なことなどをお聞かせください。
- ・経験がない分野で、かつ担当者により知識レベルがまちまちとなることから、相談を受けた際、初動を誤ることがないかは不安です。そういった意味で、一定のガイドラインを定めることは有意義と考えております。

## 22　J社

小売業　従業員数:約6,200人

- ●これまで、トランスジェンダーの社員が職場での配慮を申し出て、対応をした実績はありますか?
- ・いいえ
- ●トランスジェンダーの社員が職場での配慮を申し出た際に、人事担当者が対応の参考にできるガイドラインや方針はありますか?
- ・いいえ
- ●職場において、理解促進のための取組みをしましたか?
- ・とくにしていない
- ●御社の差別禁止規定に「性的指向」や「性自認」「性表現」に関する記載はありますか?
- ・「性的指向」がある/記載あり
- ・「性自認」がある/記載あり
- ・「性表現」がある/記載あり
- ●社員の性別情報について、記載をなくす、必要以上に開示されないようにするなど、何かしらの配慮をしましたか?
- ・要望がないため配慮していない
- ●トランスジェンダーを始め、セクシュアルマイノリティの社員用の相談窓口を設置していますか?
- ・設置していない
- ●社内の相談窓口の担当者にLGBTの研修を実施しましたか?
- ・実施した
- ●人事担当者向けにLGBT研修を実施したことはありますか?
- ・実施した
- ●人事担当者がトランスジェンダーの社員から相談を受けた場合、適切に対応できると思いますか?
- ・対応できる

## 23　K社

食料品　従業員数：2,200人（連結8,000人）

- ●これまで、トランスジェンダーの社員が職場での配慮を申し出て、対応をした実績はありますか？
- ・いいえ
- ●トランスジェンダーの社員が職場での配慮を申し出た際に、人事担当者が対応の参考にできるガイドラインや方針はありますか？
- ・いいえ
- ●職場において、理解促進のための取組みをしましたか？
- ・管理職向けに研修／説明会を行った
- ・e-ラーニングを提供した
- ●御社の差別禁止規定に「性的指向」や「性自認」「性表現」に関する記載はありますか？
- ・記載はない
- ●社員の性別情報について、記載をなくす、必要以上に開示されないようにするなど、何かしらの配慮をしましたか？
- ・配慮した（一般社員が確認できる内容にはなっていない）

## 24　L社

化学　従業員数：20,000人

- ●これまで、トランスジェンダーの社員が職場での配慮を申し出て、対応をした実績はありますか？
- ・いいえ
- ●トランスジェンダーの社員が職場での配慮を申し出た際に、人事担当者が対応の参考にできるガイドラインや方針はありますか？
- ・いいえ
- ●職場において、理解促進のための取組みをしましたか？
- ・管理職向けに研修／説明会を行った
- ・配属部署向けに研修／説明会を行った
- ・関係者に個別に説明した
- ・e-ラーニングを提供した
- ・理解促進のステッカーを配布した
- ●御社の差別禁止規定に「性的指向」や「性自認」「性表現」に関する記載はありますか？
- ・「性的指向」がある／記載予定
- ●社員の性別情報について、記載をなくす、必要以上に開示されないようにするなど、何かしらの配慮をしましたか？
- ・要望がないため配慮していない
- ●トランスジェンダーを始め、セクシュアルマイノリティの社員用の相談窓口を設置していますか？
- ●社内の相談窓口の担当者にLGBTの研修を実施しましたか？
- ・実施していない
- ●人事担当者向けにLGBT研修を実施したことはありますか？
- ・実施した（毎年1回）
- ●トランスジェンダーの社員から相談を受けた際に対応が難しかったことや、今後相談を受ける際に不安なことなどをお聞かせください。
- ①生産現場でのロッカールーム、美容職社員のユニフォームや着替えの環境、社内外のパウダールームの位置やレイアウトの工夫と言った整備上の課題
- ②Gender reassignment surgeryを実施する社員への休暇適用のルール　など

## 25 M社

その他製品　従業員数：単体2,800人、連結4,800人

- ●これまで、トランスジェンダーの社員が職場での配慮を申し出て、対応をした実績はありますか？
- ・いいえ
- ●トランスジェンダーの社員が職場での配慮を申し出た際に、人事担当者が対応の参考にできるガイドラインや方針はありますか？
- ・いいえ
- ●職場において、理解促進のための取組みをしましたか？
- ・全社員向けに研修／説明会を行った
- ●御社の差別禁止規定に「性的指向」や「性自認」「性表現」に関する記載はありますか？
- ・「性的指向」がある／記載予定
- ●社員の性別情報について、記載をなくす、必要以上に開示されないようにするなど、何かしらの配慮をしましたか？
- ・配慮した（人事プロファイル上で本人以外が性別を見ることはできない）
- ●トランスジェンダーを始め、セクシュアルマイノリティの社員用の相談窓口を設置していますか？
- ・専門の窓口を設置している
- ●社内の相談窓口の担当者にLGBTの研修を実施しましたか？
- ・実施した
- ●人事担当者向けにLGBT研修を実施したことはありますか？
- ・実施していない
- ●人事担当者がトランスジェンダーの社員から相談を受けた場合、適切に対応できると思いますか？
- ・対応できる（戸籍とは違う性別を社内システムに登録した場合の健保ほか公的な届出の個別対応）

## 26 N社

空運業　従業員数：13,518人

- ●これまで、トランスジェンダーの社員が職場での配慮を申し出て、対応をした実績はありますか？
- ・はい
- ●トランスジェンダーの社員が職場での配慮を申し出た際に、人事担当者が対応の参考にできるガイドラインや方針はありますか？
- ・はい
- ●職場において、理解促進のための取組みをしましたか？
- ・管理職向けに研修／説明会を行った
- ・全社員向けに研修／説明会を行った
- ・e-ラーニングを提供した
- ・冊子やパンフレットを配布した
- ・ホームページを作成した
- ・理解促進のステッカーを配布した
- ●御社の差別禁止規定に「性的指向」や「性自認」「性表現」に関する記載はありますか？
- ・記載はない
- ●社員の性別情報について、記載をなくす、必要以上に開示されないようにするなど、何かしらの配慮をしましたか？
- ・要望がないため配慮していない
- ●トランスジェンダーを始め、セクシュアルマイノリティの社員用の相談窓口を設置していますか？
- ・専門の窓口を設置している
- ●社内の相談窓口の担当者にLGBTの研修を実施しましたか？
- ・実施した
- ●人事担当者向けにLGBT研修を実施したことはありますか？
- ・実施した
- ●人事担当者がトランスジェンダーの社員から相談を受けた場合、適切に対応でき

## 27　Q社

運輸業　従業員数：連結約32,000人

● これまで、トランスジェンダーの社員が職場での配慮を申し出て、対応をした実績はありますか？
・はい
● トランスジェンダーの社員が職場での配慮を申し出た際に、人事担当者が対応の参考にできるガイドラインや方針はありますか？
・いいえ
● 対応したトランスジェンダーの社員のセクシュアリティを教えてください。
・トランスジェンダー男性（女性から男性へ移行された社員）
● 医学的な治療に関わる配慮をしましたか？
・配慮をしていない
・本人からの要望があれば対応したい。
● 職場において、服装に対する配慮をしましたか？
・いいえ
● 職場において、トイレに対する配慮をしましたか？
・配慮した（性別に関わらず使用できるトイレを使用するようにした）
● 寮や合宿研修などにおいて、宿泊所に対する配慮をしましたか？
・要望がないため配慮していない
● 異動や配置転換などにおいて、何かしら配慮をしましたか？
・要望がないため配慮していない
● 職場において、理解促進のための取組みをしましたか？
・管理職向けに研修／説明会を行った
・配属部署向けに研修／説明会を行った
・全社員向けに研修／説明会を行った
・e-ラーニングを提供した
・理解促進のステッカーを配布した
・イントラネットの専用ページを作成した
● 御社の差別禁止規定に「性的指向」や「性自認」「性表現」に関する記載はありますか？
・「性的指向」がある
・「性自認」がある
● 社員の性別情報について、記載をなくす、必要以上に開示されないようにするなど、何かしらの配慮をしましたか？
・要望がないため配慮していない
● トランスジェンダーを始め、セクシュアルマイノリティの社員用の相談窓口を設置していますか？
・他の相談窓口が兼ねている
● 社内の相談窓口の担当者にLGBTの研修を実施しましたか？
・実施した
● 人事担当者向けにLGBT研修を実施したことはありますか？
・実施した
● 人事担当者がトランスジェンダーの社員から相談を受けた場合、適切に対応できると思いますか？
・対応できる
● トランスジェンダーの社員から相談を受けた際に対応が難しかったことや、今後相談を受ける際に不安なことなどをお聞かせください。
・医学的なアドバイスなど、より専門的な知見、観点が必要な相談に対応できるか不安。

---

ると思いますか？
・対応できる
● トランスジェンダーの社員から相談を受けた際に対応が難しかったことや、今後相談を受ける際に不安なことなどをお聞かせください。
・だれでもトイレ、更衣室、シャワールームなど、社内の施設や環境整備をどこまで実施するべきか難しい

## 2　参考文献・おすすめの書籍リスト

**【本書共著者が執筆に携わった、LGBTと職場に関する書籍・冊子】**

『性のあり方の多様性　一人ひとりのセクシュアリティが大切にされる社会を目指して』
二宮周平編、日本評論社（2017）
　日本におけるLGBTの現状が、主に法制度の面からまとめられています。教育現場についてReBit薬師が、企業研修について虹色ダイバーシティ村木・五十嵐が寄稿しています。

『職場のLGBT読本　「ありのままの自分」で働ける環境を目指して』
柳沢正和、村木真紀、後藤純一著、実務教育出版社（2015）
　LGBTも働きやすい職場環境づくりについてをまとめました。虹色ダイバーシティと国際基督教大学ジェンダー研究センターの共同研究に基づくデータも多数紹介しています。

『観光産業に従事する方のためのLGBTツーリズムハンドブック』
株式会社アウト・ジャパン（2016）[小冊子、通信販売可能]
　観光産業に携わる企業・団体を対象にしたLGBTについてのコンサルティングを行うアウト・ジャパンが制作したハンドブック。虹色ダイバーシティ村木が制作に協力しています。

『事業主・人事・法務のための職場におけるLGBT入門』『職場におけるLGBT対応ワークブック』
特定非営利活動法人虹色ダイバーシティ（2017）[小冊子、通信販売可能]
　職場でできることをまとめた2冊のテキストブック。虹色ダイバーシティが制作し、さまざまな企業の現場でも使われています。

『LGBTと職場について考えるハンドブック』
特定非営利活動法人ReBit（2018）[小冊子、通信販売可能]
　中小企業の事例を中心に職場でできることをまとめたReBit作成によるハンドブック。

**LGBTと職場〜すべての人が豊かに働く職場づくりを目指して〜**
特定非営利活動法人ReBit（2017）［DVD、通信販売可能］
　15分でLGBTの基礎から職場での困りごとや対応までを知る、ReBit作成による研修用映像。

## 【LGBT／SOGIE全般】
**『LGBTのひろば（こころの科学 SPECIAL ISSUE 2017）』**
大塚隆史、城戸健太郎編、日本評論社（2017）

**『にじ色の本棚 ―LGBTブックガイド―』**
原ミナ汰、土肥いつき編、三一書房（2016）

## 【心理・医療系】
**『性同一性障害の医療と法：医療・看護・法律・教育・行政関係者が知っておきたい課題と対応』**
川﨑政司、針間克己、南野知惠子編、メディカ出版（2013）

**『トランスジェンダーの心理学――多様な性同一性の発達メカニズムと形成』**
佐々木掌子著、晃洋書房（2017）

**『セクシュアル・マイノリティへの心理的支援―同性愛、性同一性障害を理解する』**
針間克己、平田俊明、石丸径一郎、葛西真記子、古谷野淳子、柘植道子、林直樹、松髙由佳著、岩崎学術出版社（2014）

## 【法制度】
**『同性パートナーシップ証明、はじまりました。渋谷区・世田谷区の成立物語と手続きの方法』**
エスムラルダ、KIRA著、ポット出版（2015）

**『セクシュアル・マイノリティ Q&A』**
LGBT支援法律家ネットワーク出版プロジェクト著、弘文堂（2016）

**『LGBTsの法律問題Q&A』**
大阪弁護士会人権擁護委員会性的指向と性自認に関するプロジェクトチーム著、LABO（2016）

『「LGBT」差別禁止の法制度って何だろう？』
LGBT法連合会著、かもがわ出版（2016）

『同性パートナーシップ制度―世界の動向・日本の自治体における導入の実際と展望』
棚村政行、中川重徳編、日本加除出版（2016）

『セクシュアリティと法：身体・社会・言説との交錯』
谷口洋幸、綾部六郎、池田弘乃編、律文化社（2017）

『LGBT法律相談対応ガイド』
東京弁護士会LGBT法務研究部、第一法規株式会社（2017）

【教育】

『先生と親のためのLGBTガイド：もしあなたがカミングアウトされたなら』
遠藤まめた著、合同出版（2016）

『LGBTってなんだろう？―からだの性・こころの性・好きになる性』
藥師実芳、笹原千奈未、古堂達也、小川奈津己著、合同出版（2014）

『教育とLGBTIをつなぐ：学校・大学の現場から考える』
三成美保編、青弓社（2017）
　日本におけるLGBTの現状が、主に教育の面からまとめられています。ReBit藥師が寄稿しています。

『LGBTサポートブック：学校・病院で必ず役立つ』
はたさちこ、藤井ひろみ、桂木祥子編、保育社（2016）
　医療・教育に関わるがLGBTについて知るための本。ReBit藥師が寄稿しています。

『LGBT問題と教育現場：いま、わたしたちにできること』
金井景子、杉山文野、藥師実芳著、学文社（2015）

『先生にできること〜LGBTの教え子と向き合うために』
早稲田大学教育学部金井景子研究室とReBitによる共同作成（2012）［DVD、通信販売可能］

## 巻末資料

**【就労支援】**

『LGBT就労支援ガイドブック』（2016）［小冊子、通信販売可能］
　就労支援機関・支援者ができることをまとめたReBit作成によるテキストブック。

**【より理解を深めるためにオススメの一般書】**

『心に性別はあるのか？　〜性同一性障害（ジェンダー・アイデンティティ・ディスオーダー）のよりよい理解とケアのために〜』
中村美亜著、医療文化社（2005）

『変えてゆく勇気—「性同一性障害」の私から（岩波新書）』
上川あや著、岩波書店（2007）

『カミングアウト・レターズ　子どもと親、生徒と教師の往復書簡』
砂川秀樹、RYOJI編、太郎次郎社エディタス（2007）

『LGBTを読みとく：クィア・スタディーズ入門（ちくま新書1242）』
森山至貴著、筑摩書房（2017）

**【インターネット上で読むことができるデータ】**

●職場環境

一般社団法人　日本経済団体連合会「ダイバーシティ・インクルージョン社会の実現に向けて」（2017）
http://www.keidanren.or.jp/policy/2017/039.html

公益社団法人経済同友会「ダイバーシティと働き方に関するアンケート調査結果」（2017）
https://www.doyukai.or.jp/policyproposals/articles/2016/170207a.html

特定非営利活動法人虹色ダイバーシティ、ICUジェンダー研究センター「LGBTと職場に関するアンケート調査」（2014,2015,2016）
http://nijiirodiversity.jp/category/questionnaire/

日本労働組合総連合会「LGBTに関する職場の意識調査」（2016）
https://www.jtuc-rengo.or.jp/info/chousa/data/20160825.pdf

日本労働組合総連合会「性的指向及び性自認に関する差別禁止に向けた取り組みガイドライン 〜すべての人の対等・平等、人権の尊重のために〜」(2017)
https://www.jtuc-rengo.or.jp/activity/gender/data/guideline_no-discrimination201711.pdf

work with Pride「PRIDE指標」(2016, 2017)
http://www.workwithpride.jp/pride.html

●LGBT／SOGIE全般
LGBT法連合会「性的思考および性自認を理由として、わたしたちが社会で直面する困難のリスト（第2版）」(2015)
http://lgbtetc.jp

日本学術会議 法学委員会 社会と教育におけるLGBTIの権利保障分科会
「提言 性的マイノリティの権利保障をめざして―婚姻・教育・労働を中心に―」(2017)
http://www.scj.go.jp/ja/info/kohyo/pdf/kohyo-23-t251-4.pdf

新設Cチーム企画「ろうLGBTサポートブック」(2014)
http://rupan4th.sugoihp.com/contents5panf.html

●トイレ問題
特定非営利活動法人虹色ダイバーシティ、株式会社LIXIL「性的マイノリティのトイレ問題に関するWEB調査結果」(2016)
http://newsrelease.lixil.co.jp/news/2016/020_water_0408_01.html

●意識調査
NHK「LGBT当事者アンケート調査 〜2600人の声から〜」NHK (2015)
http://www.nhk.or.jp/d-navi/link/lgbt/

釜野さおり・石田仁・風間孝・吉仲崇・河口和也「性的マイノリティについての意識 2015年全国調査 報告書」科学研究費助成事業「日本におけるクィア・スタディーズの構築」研究グループ編（研究代表者 広島修道大学 河口和也）(2016)
http://alpha.shudo-u.ac.jp/~kawaguch/chousa2015.pdf

## ●法制度

東京都渋谷区「渋谷区パートナーシップ証明実態調査報告書」（2017）
https://www.city.shibuya.tokyo.jp/shisetsu/bunka/oowada/partnership_hokoku_kokai.html

## ●教　育

いのちリスペクト。ホワイトリボンキャンペーン「LGBTの学校生活に関する実態調査（2013）結果報告書」（2014）
http://endomameta.com/schoolreport.pdf

加藤悠二「ジェンダー・セクシュアリティとキャンパスライフ vol.02 やれることリスト108 at University」（2016）
http://web.icu.ac.jp/cgs/2016/09/gscl02v1.html

国際基督教大学ジェンダー研究センター「ICUにおけるジェンダー・セクシュアリティ対応―トランスジェンダー学生対応の10年間とこれから」（2014）
http://web.icu.ac.jp/cgs/docs/TgSatICU.pdf

国際基督教大学ジェンダー研究センター「ジェンダー・セクシュアリティとキャンパスライフ vol.01 できることガイド in ICU」（2016）
http://web.icu.ac.jp/cgs/2016/04/gscl01v1.html

特定非営利活動法人ReBit「中学校向け「Ally Teacher's Tool Kit（アライ先生キット）」」（2017）
http://rebitlgbt.org/project/kyozai

日高庸晴「教員5,979人のLGBT意識調査レポート」（2015）
http://www.health-issue.jp

世界トランスジェンダー・ヘルス専門家協会（WPATH）「トランスセクシュアル、トランスジェンダー、ジェンダーに非同調な人々のためのケア基準」（2011）
https://amo_hub_content.s3.amazonaws.com/Association140/files/SOC%20Japanese_new2.pdf

QWRC「LGBTと医療福祉」（2016）
http://qwrc.org/2016iryoufukushicmyk.pdf

**文部科学省「性同一性障害や性的指向・性自認に係る、児童生徒に対するきめ細かな対応等の実施について」(2016)**

http://www.mext.go.jp/b_menu/houdou/28/04/__icsFiles/afieldfile/2016/04/01/1369211_01.pdf

**ヒューマン・ライツ・ウォッチ「出る杭は打たれる〜 日本の学校におけるLGBT生徒へのいじめと排除」(2016)**

https://www.hrw.org/sites/default/files/report_pdf/japan0516_japanesemanga_web.pdf

## 3 ミニ用語集

　LGBTに関連する用語は、日々変化しています。新しい言葉や、既存の言葉でも知らない使い方に出会ったときは、複数のLGBTの人や研究者等の情報を参照するようにしてください。

| 用　語 | 定　義 |
|---|---|
| **LGBT** | レズビアン、ゲイ、バイセクシュアル、トランスジェンダーの頭文字を並べた言葉。性的マイノリティの総称として使われる。 |
| **性的マイノリティ**<br>Sexual Minority | 性的指向や性自認、ジェンダー表現に関するマイノリティのこと。「セクシュアルマイノリティ」「性的少数者」。 |
| **性的指向**<br>Sexual Orientation | 好きになる相手、性的対象が誰（同性・異性・両性）であるかを示す概念。 |
| **性自認**<br>Gender Identity | 「私は女（男）である」「私は○○である」といったジェンダーに関わる自己の感覚・認識。ジェンダー・アイデンティティ。 |
| **ジェンダー表現**<br>Gender Expression | 言葉遣いや服装、行動様式などに表現される「らしさ」のこと。社会・文化的に期待されるものと一致しないこともある。 |
| **性的特徴**<br>Sexual Characteristics | 出生時の外性器の形態など、生物学的・解剖学的特徴のこと。 |
| **SOGI**（Sexual Orientation, Gender Identity） | 「性的指向と性自認」の英語の頭文字をそれぞれ並べた言葉。LGBTは「人」の属性を示す言葉だが、SOGIは性に関する「概念」を指す言葉。「ジェンダー表現」を加えたSOGIE、「性的特徴」を加えたSOGIESCと表現される場合もある。 |
| **セクシュアリティ**<br>Sexuality | 性的指向や性自認、ジェンダー表現を含む、人間の性のあり方全体を指す言葉。 |
| **レズビアン**<br>Lesbian | 女性として女性が好きになる人。 |

| 用　語 | 定　義 |
|---|---|
| **ゲイ**<br>Gay | 男性として男性が好きになる人。 |
| **バイセクシュアル**<br>Bisexual | 好きになる対象が女性・男性の両性である人。 |
| **トランスジェンダー**<br>Transgender | 性自認が出生時に割り当てられた性別とは異なる人。性（ジェンダー）表現や性役割行動について、出生時に割り当てられた性別に期待されるものとは異なることがある。 |
| **性同一性障害（GID）**<br>Gender Identity Disorder | トランスジェンダーの中で医療が必要な人が、診断基準を満たすとつけられる診断の名前。 |
| **性別適合手術（SRS）**<br>Sex Reassignment Surgery | 性自認に身体の性を近づけるため、内外性器に対して行う手術。日本では戸籍の性別を変更するための要件のひとつになっている。「性転換手術」は古い用語なので要注意。 |
| **カミングアウト**<br>Coming Out | 自分が性的マイノリティの当事者であることを認め、それを自らの意思で他者に伝えること。 |
| **アウティング**<br>Outing | 他者のセクシュアリティを、その人の同意なしに、第三者に伝えてしまうこと。 |
| **アライ**<br>Ally | LGBTの置かれた状況を理解し、その状況を改善するために、自分ごととして行動できる支援者・仲間のこと。英語の同盟者（Alliance）が語源。 |
| **レインボーフラッグ**<br>Rainbow Flag | 性の多様性を表すシンボル。LGBT支援の意志表明にも使われる。世界的に、赤・橙・黄・緑・青・紫の6色が使われることが慣例になっている。 |
| **トランスジェンダーフラッグ**（トランスジェンダー・プライド・フラッグ） | トランスジェンダーを象徴するシンボル。上から順に、ライトブルー・ピンク・白・ピンク・ライトブルーの5本のラインで表現される。 |

## 4 ヒアリングシート

**トランスジェンダーの社員が職場で対応を望む場合のヒアリングシート**

本書では参考資料として、
① 人事担当者がヒアリングをする際に記入するヒアリングシート
② 本人がヒアリングの前に参考情報として記入するシート
の2種類のヒアリングシートの見本を収録します。各企業の状況に合わせて、適宜改定をしてご利用ください。

**ヒアリングおよびヒアリングシートの利用に際する注意事項**

- ヒアリングで聞かれる内容は重要な個人情報です。厳重に取り扱い、第三者への情報開示は、必ず当人の許可を得てからにしましょう。
- 本ヒアリングシートには、治療や身体の状況に関する項目も含めていますが、これらは本来プライバシーに属する内容です。とくに性別適合手術の有無はそのまま下半身の状態を聞くことを意味し、聞き方によってはセクシュアルハラスメントになってしまう場合もあることに留意しましょう。
- 本人記入用シートを渡す際には「記入したくない内容については空欄で構わないこと」を、ヒアリングのときには「話したくない内容は話さなくてもいいこと」を伝え、また、いずれの場合でも「回答がないことによって、今後の取り扱い等が不利になることはないこと」を明示するようにしましょう。

## トランスジェンダーの社員が職場での対応を望む場合のヒアリングシート

(1) 人事担当者用

対応日：＿＿年＿＿月＿＿日（＿＿） 第＿＿回ヒアリング
ヒアリング担当者（シート記入者）：＿＿＿＿＿＿＿＿＿＿

### 1．相談者情報

| 相談者 | | 社員ID | |
|---|---|---|---|
| 部門 | | 面談の頻度 | |
| 連絡方法※1 | | | |

＊1　社内メール、内線への連絡が可能か、または個人連絡先の使用を希望等

### 2．ワーキンググループは誰を入れるか

| 人物 | 名前 | 本人の確認 | 人物 | 名前 | 本人の確認 |
|---|---|---|---|---|---|
| 本人 | | | 人事 | | 済・未 |
| 上司 | | 済・未 | D&I担当 | | 済・未 |
| その他（　　） | | 済・未 | その他（　　） | | 済・未 |

### 3．対応協議事項

| 1）服装／髪型などについて | 対応　□不要　□必要（緊急度：低・中・高） |
|---|---|
| ヒアリング内容 | 対応方針 |
| | 短期 |
| | 中長期 |

| 2）通称名の使用／表記 | 対応　□不要　□必要（緊急度：低・中・高） |
|---|---|
| ヒアリング内容 | 対応方針 |
| | 短期 |
| | 中長期 |

巻末資料

| 3）通称性の使用／表記 | 対応　□不要　□必要（緊急度：低・中・高） |
|---|---|
| ヒアリング内容 | 対応方針 |
|  | 短期 |
|  | 中長期 |

| 4）周囲の理解／<br>　　カミングアウトの対応 | 対応　□不要　□必要（緊急度：低・中・高） |
|---|---|
| ヒアリング内容 | 対応方針 |
|  | 短期 |
|  | 中長期 |

| 5）トイレの使用 | 対応　□不要　□必要（緊急度：低・中・高） |
|---|---|
| ヒアリング内容 | 対応方針 |
|  | 短期 |
|  | 中長期 |

| 6）健康診断 | 対応　□不要　□必要（緊急度：低・中・高） |
|---|---|
| ヒアリング内容 | 対応方針 |
|  | 短期 |
|  | 中長期 |

| 7) 宿泊施設／風呂／シャワー／更衣室などの使用 || 対応　□不要　□必要（緊急度：低・中・高） ||
|---|---|---|---|
| ヒアリング内容 ||| 対応方針 |
| | | 短期 | |
| | | 中長期 | |

| 8) 寮の使用 | 対応　□不要　□必要（緊急度：低・中・高） |
|---|---|
| ヒアリング内容 | 対応方針 |
| | 短期 |
| | 中長期 |

| 9) 勤務地／長期出張について | 対応　□不要　□必要（緊急度：低・中・高） |
|---|---|
| ヒアリング内容 | 対応方針 |
| | 短期 |
| | 中長期 |

**【医療的な処置などの対応をする場合】**

| 10) 通院への配慮　対応 | 対応　□不要　□必要（緊急度：低・中・高） |
|---|---|
| ヒアリング内容 | 対応方針 |
| | 短期 |
| | 中長期 |

| 11) 処置にまつわる休暇 | 対応　□不要　□必要（緊急度：低・中・高） |
|---|---|
| ヒアリング内容 | 対応方針 |
|  | 短期 |
|  | 中長期 |

| 12) 術後の処置 | 対応　□不要　□必要（緊急度：低・中・高） |
|---|---|
| ヒアリング内容 | 対応方針 |
|  | 短期 |
|  | 中長期 |

【その他】

| ヒアリング内容 | 対応　□不要　□必要（緊急度：低・中・高） |
|---|---|
|  | 対応方針 |
|  | 短期 |
|  | 中長期 |

## 4．今後の相談／支援に関する要望

| |
|---|
| 次回相談予定日・時期： |
| 次回参加メンバー： |
| 次回協議したい内容： |

## トランスジェンダーの社員が職場での対応を望む場合のヒアリングシート

(2) 本人記入用シート

記入日：

> この本人記入用シートは、＿＿月＿＿日実施予定のヒアリングの際に、参考資料として使います。当日までに可能な範囲のことを記入してください。ヒアリングシートに記入された内容は、個人情報として取り扱い、本人の許可なく第三者には開示されません。
> 記入したくない内容に関しては空欄で構いません。回答がないことによって、今後の取扱いなどが不利になることはありません。

### 1．相談者情報

| 相談者名 | | 社員ID | |
|---|---|---|---|
| 部店名 | | 上席者名 | |
| 連絡方法[*1] | | | |
| 性別 | | | |
| 性自認 | | | |

＊1　社内メール、内線への連絡が可能か、または個人連絡先の使用を希望など

### 2．医療的な処置等の対応について

| | 状況 | 記述・今後の希望など |
|---|---|---|
| 性同一性障害の診断 | 有・無・希望していない・その他 | |
| 性ホルモン治療 | 有・無・希望していない・その他 | |
| 戸籍名の変更 | 未・済・希望していない・その他 | |
| 性別適合手術 | 有・無・希望していない・その他 | |
| 戸籍の性別変更 | 未・済・希望していない・その他 | |

## 3．本件の共有範囲

| 対象者 | 共有 | 記述・今後の希望など |
|---|---|---|
| 人事 | 済・未（可・不可）・その他 | |
| 上司 | 済・未（可・不可）・その他 | |
| 同僚 | 済・未（可・不可）・その他 | |
| 顧客等 | 済・未（可・不可）・その他 | |
| 家族等 | 済・未（可・不可）・その他 | |
| その他 | 済・未（可・不可）・その他 | |

以下項目について対応について話し合いたい項目を教えてください

| 事項 | 対応 | 希望や意見 |
|---|---|---|
| 1）服装／髪型等 | 不要<br>必要（優先度： 低 ・ 中・ 高） | |
| 2）通称名の使用／表記 | 不要<br>必要（優先度： 低 ・ 中・ 高） | |
| 3）通称性の使用／表記 | 不要<br>必要（優先度： 低 ・ 中・ 高） | |
| 4）周囲の理解／カミングアウトの範囲など | 不要<br>必要（優先度： 低 ・ 中・ 高） | |
| 5）トイレの使用 | 不要<br>必要（優先度： 低 ・ 中・ 高） | |
| 6）健康診断 | 不要<br>必要（優先度： 低 ・ 中・ 高） | |
| 7）宿泊施設／風呂／シャワー／更衣室などの使用 | 不要<br>必要（優先度： 低 ・ 中・ 高） | |
| 8）寮の使用 | 不要<br>必要（優先度： 低 ・ 中・ 高） | |
| 9）勤務地／長期出張について | 不要<br>必要（優先度： 低 ・ 中・ 高） | |

【治療等の対応を望む場合】

| 事項 | 対応 | 希望や意見 |
|---|---|---|
| 10）通院への配慮 | 不要<br>必要（優先度：　低　・　中・　高） | |
| 11）治療にまつわる休暇 | 不要<br>必要（優先度：　低　・　中・　高） | |
| 12）術後の処置 | 不要<br>必要（優先度：　低　・　中・　高） | |

5．どのような対応を希望しますか？または、職場でどんな課題を感じていますか？

6．その他、気になること、相談したいことなどがあれば、ご自由にお書きください。

## ■著者紹介

### ◎特定非営利活動法人 虹色ダイバーシティ
2012年設立、2013年NPO法人化。LGBT等の性的マイノリティもいきいきと働ける職場づくりをめざして、調査・講演活動、コンサルティング事業等を行う。企業や大学への研修・コンサルティングを提供するほか、厚生労働省、文部科学省、内閣人事院等への研修、2014年度より淀川区LGBT支援事業を受託するなど、中央省庁や行政との取組みも積極的に進めている。2015年「Googleインパクトチャレンジ賞」受賞、2016年「日経ソーシャルイニシアチブ大賞 新人賞」受賞、2017年「日本トイレひと大賞」受賞。

### ◎特定非営利活動法人 ReBit
LGBTを含めたすべての子どもがありのままの自分で大人になれる社会の実現を目指す、NPO法人（代表理事藥師実芳、2009年設立、2014年法人化）。教育現場での理解普及を目指し、全国の学校・行政などで、生徒・教職員などを対象に、4万人以上に向けLGBT研修実施、LGBTに関する教材を多数発行。2011年度より全国16地域でLGBTの若者エンパワメントイベント「LGBT成人式」を開催。2013年度より「LGBT就活」（就活生支援事業）を展開し、1500名を超える就活生への応援や、大手企業でのLGBT研修を多数実施。LGBTも自分らしく働くことを考えるカンファレンス「RAINBOW CROSSING TOKYO」には2年間で累計1300名、180社以上が参加。また、神奈川県をはじめ、行政と協働し、LGBTも自分らしく働ける地域づくりにも尽力。

### ◎東 優子（ひがし・ゆうこ） 【1、2章】
大阪府立大学教授（性科学／ジェンダー研究）。博士（人文科学）。早稲田大学卒業、ハワイ大学大学院修了、お茶の水女子大学大学院（博士前期・後期課程）修了。(財)エイズ予防財団リサーチレジデント、(財)日本性教育協会特別研究員、ノートルダム清心女子大学助教授を経て、2005年より大阪府立大学に異動。世界性の健康学会（World Association for Sexual Health）性の権利委員会、アジア・太平洋性科学連合、日本性科学会連合、GID（性同一性障害）学会、一般財団法人日本児童教育振興財団・日本性教育協会、特定非営利活動法人虹色ダイバーシティ、一般財団法人大阪府人権協会ほかの理事・評議員などを兼務。共著・訳書に『性同一性障害—ジェンダー・医療・特例法』、『トランスセクシュアル、トランスジェンダー、ジェンダーに非同調な人々のためのケア基準（SOC-7）』など多数。

### ◎村木真紀（むらき・まき）
特定非営利活動法人虹色ダイバーシティ代表。社会保険労務士。1974年茨城県生まれ。京都大学卒業。日系大手製造業、外資系コンサルティング会社等を経て現職。LGBT当事者としての実感とコンサルタントとしての経験を活かして、LGBTと職場に関する調査、講演活動を行っている。大手企業、行政などで講演実績多数。関西学院大学非常勤講師、大阪市人権施策推進審議会委員。2015年「Googleインパクトチャレンジ賞」、日経WOMAN「ウーマン・オブ・ザ・イヤー2016 チェンジメーカー賞」、著書は『職場のLGBT読本』（共著）ほか。

### ◎五十嵐ゆり（いがらし・ゆり）
特定非営利活動法人虹色ダイバーシティ理事。1973年東京都生まれ。沖縄国際大学卒業。福岡の情報誌制作会社を経て、フリーライターとして独立。2012年よりLGBT支援団体Rainbow Soupを設立し、当事者としての経験を踏まえた講演・執筆活動を展開。2015年3月にNPO法人化。同年7月、米国国務省主催のLGBTプログラム研修生に選抜。同年10月より虹色ダイバーシティ東京スタッフを兼務。2017年2月より理事に就任。筑紫女学園大学非常勤講師。2017年8月、オランダ・アムステルダム市招聘による「International Guests Amsterdam Pride 2017」プログラムに参加。

### ◎加藤悠二（かとう・ゆうじ）
1983年東京都生まれ。国際基督教大学大学院卒。修士（行政学）。一般企業（製造小売業で販促デザインを担当）を経て、国際基督教大学ジェンダー研究センターに7年間勤務。ジェンダー・セクシュアリティの視点から、キャンパス環境改善・学生支援を行う。学生・一般向け講座や教職員向け研修講師も多数経験。2011年度より、厚生労働省委託事業「同性愛者等のHIVに関する相談・支援事業〜同性愛者等向けホームページによる検査相談等情報提供」（受託：特定非営利活動法人akta）を兼務。2017年度から虹色ダイバーシティに勤務。著書は『ジェンダー・セクシュアリティとキャンパスライフ Vol.2 やれることリスト108 at University』（国際基督教大学ジェンダー研究センター、2016）。

### ◎藥師実芳（やくし・みか）
特定非営利活動法人ReBit代表理事、キャリアカウンセラー。1989年京都生まれ。早稲田大学卒。在学中に特定非営利活動法人ReBitの前進となる学生団体を設立。ウェブ広告代理店での勤務を経て、現職。大手企業、行政、学校などで講演実績多数。1500名以上のLGBTの就活・就労を支援。新宿区自殺総合対策青年支援対策専門部会委員、世田谷区男女共同参画プラン策定検討委員、他、2015年、青年版国民栄誉賞と言われる「人間力大賞」受賞。2016年、ダボス会議で知られる世界経済フォーラムに任命された若者によるコミュニティ「グローバルシェイパーズコミュニティ」の一員となる。著書に『LGBTってなんだろう？—からだの性・こころの性・好きになる性』（合同出版）ほか。

### ◎金澤恭平（かなざわ・きょうへい）
1993年東京都生まれ。大東文化大学卒。大学公認LGBTアライサークルを創設し、学内のLGBTへの理解普及に努める。一般企業（不動産業界営業職）を経て、特定非営利活動法人ReBitの就活事業マネージャーとして勤務、LGBTの就活・就労を支援。大手企業、行政、学校などで講演実績多数。

本書で紹介しているURLの最終閲覧日はすべて2018年3月6日です。

---

## トランスジェンダーと職場環境ハンドブック
### 誰もが働きやすい職場づくり

2018年4月10日　初版第1刷発行

---

著　者────東　優子、虹色ダイバーシティ、ReBit
　　　　　　Ⓒ2018 Yuko Higashi,Nijiiro Diversity,ReBit
発行者────長谷川　隆
発行所────日本能率協会マネジメントセンター
〒103-6009 東京都中央区日本橋2-7-1 東京日本橋タワー
TEL 03（6362）4339（編集）/03（6362）4558（販売）
FAX 03（3272）8128（編集）/03（3272）8127（販売）
http://www.jmam.co.jp/

装　　丁────岩泉卓屋（泉屋）
本文DTP────竹田康子
印刷所────シナノ書籍印刷株式会社
製本所────株式会社宮本製本所

本書の内容の一部または全部を無断で複写複製（コピー）することは，法律で認められた場合を除き，著作者および出版者の権利の侵害となりますので，あらかじめ小社あて許諾を求めてください。

ISBN 978-4-8207-2658-6 C3036
落丁・乱丁はおとりかえします。
PRINTED IN JAPAN

## JMAMの本

6ステップで職場が変わる！
# 業務改善ハンドブック

日本能率協会コンサルティング 著
A5判 並製 272頁

オフィスで働くホワイトカラー、管理部門に向けた業務改善の基本書。
近年ニーズの多い「働き方の改革(ワークライフバランス)」についても触れて、企業で進める改革の2つのタイプである部門単位の改善推進と全社横断の改善推進の両面について、ステップに沿って必要なポイントを整理してわかりやすく解説します。
改善の各プロセスで推進担当者がすぐに使えるフォーマットやツールも豊富に紹介します。

**日本能率協会マネジメントセンター**